新时代新理念职业教育教材·航空运输类
岗课赛证融通系列教材
校企双元合作开发教材

民航客舱服务与管理

主　编　华　菁　刘海军
副主编　魏希璇　程　玥

北京交通大学出版社
·北京·

内 容 简 介

本书依据《职业教育专业简介》（2022 年修订）、《高等职业学校专业教学标准》等规范、文件进行编写，岗课赛证融通，力图体现职业教育教学改革的新要求。本书立足民航服务岗位需求，全面介绍民航基础知识与技能，具体内容包括：民航客舱乘务员岗位知识准备，民航客舱服务，民航客舱维护与管理，国际航班服务，民航客舱服务沟通技巧、旅客表扬与投诉，民航客舱急救。

本书可作为职业院校民航运输类专业教材，也可作为民航企业职工培训教材。

图书在版编目（CIP）数据

民航客舱服务与管理 / 华菁主编. —北京：北京交通大学出版社，2023.8
ISBN 978-7-5121-5070-6

Ⅰ．① 民…　Ⅱ．① 华…　Ⅲ．① 民用航空–旅客运输–商业服务–教材
Ⅳ．① F560.9

中国国家版本馆 CIP 数据核字（2023）第 158981 号

民航客舱服务与管理
MINHANG KECANG FUWU YU GUANLI

策划编辑：刘　辉　　责任编辑：刘　蕊	
出版发行：北京交通大学出版社	电话：010-51686414　　http://www.bjtup.com.cn
地　　址：北京市海淀区高梁桥斜街 44 号	邮编：100044
印　刷　者：北京时代华都印刷有限公司	
经　　销：全国新华书店	
开　　本：185 mm×260 mm　　印张：11.75　　字数：264 千字	
版 印 次：2023 年 8 月第 1 版　　2023 年 8 月第 1 次印刷	
印　　数：1～2 000 册　　定价：46.00 元	

本书如有质量问题，请向北京交通大学出版社质监组反映。对您的意见和批评，我们表示欢迎和感谢。
投诉电话：010-51686043，51686008；传真：010-62225406；E-mail：press@bjtu.edu.cn。

前　　言

本书由具有一线工作经验的高校教师，根据《职业教育专业简介》（2022 年修订）和《高等职业学校专业教学标准》，结合现代民航企业服务新规范、新技术和典型工作过程进行编写，符合职业教育教学和民航运输服务岗位知识技能要求。

本书具有如下特色与创新之处。

（1）岗课赛证融通，将课程知识技能体系与 1+X 职业技能等级证书标准、职业技能大赛考纲进行融通，实现书证融通、以赛促学的效果。

（2）知识体系全面、系统，图文并茂，符合职业教育学生认知特点。

（3）注重校企合作，能够促进产教融合，服务民航运输产业。

（4）严格依据《职业教育专业简介》（2022 年修订）和《高等职业学校专业教学标准》进行编写，具有针对性和实用性，适应校企双元化培训要求。

本书由华菁、刘海军担任主编，魏希璇、程玥担任副主编，隋东旭参编，受限于编者的水平和时间，本书不足之处在所难免，恳请广大读者批评、指正。

编　者

2023 年 7 月

目　　录

项目 1

民航客舱乘务员岗位知识准备

思政教育目标

通过学习民航客舱乘务员岗位基础知识，培养职业认同感。

知识技能目标

◎熟悉服务的特点和要素。

◎掌握乘务员仪容仪表、行为举止等专业形象要求。

◎掌握乘务员专业术语及常用英文代码。

◎了解客舱乘务员的资质要求和职业素养要求。

◎掌握客舱乘务员的专业训练内容与专业技能要求。

◎熟悉机上应急设备操作、使用方法和检查要求。

◎了解航空运输知识。

对标 1+X 职业技能等级证书标准

《民航空中服务职业技能等级标准》（标准代码 500028；2021 年 2.0 版）相关要求如下。

（1）初、中、高三个技能等级的基本通识要求涉及职业道德及服务意识的规定如下。

能准确掌握以下知识点的相关基础知识，并能融会贯通于技能训练中：

① 民航工作与工匠精神；

② 职业道德；

③ 职业守则；

④ 服务意识与中国文化。

（2）初级技能等级涉及职业素养的职业技能要求如下。

① 能够表现出航空职业素质。
② 能够表现出阳光服务心态。
③ 能够表现出客户服务意识。
④ 能够表现出良好职业形象。

项目导引

这届空姐，面试通过率堪比考公务员

疫情三年，面临人才流失的一线民航队伍正亟待补充。

2023 年 1 月初，中国南方航空 2023 年第一场空乘招聘在广州落下帷幕。据统计，共有 22 000 余人报名了此次的南航乘务员面试，但面试通过率却不足 3%，竞争激烈程度堪比公务员考试。同步地，海南航空、首都航空等航空公司也在广州、西安等城市进行首轮招聘。招聘火爆的背后是民航业的逐步复苏。

相关数据显示，2023 年 1 月 7 日—13 日春运首周，国内航线实际执行客运航班量连续 7 天上涨，日均客运航班量破万班次，这也是时隔近 5 个月国内航班再次破万。

早在 2022 年末，各大航空公司就相继恢复了中断三年的招聘。

2022 年 12 月 3 日，中国南方航空招聘网站更新了三则乘务员招聘信息，开放普通乘务员、"明珠之蓝"外语特长乘务员、"云上明珠"精英乘务员职位的招聘。紧随其后，吉祥航空、春秋航空、厦门航空、海南航空、天津航空等也重启了招聘，除乘务员外，不少航空公司也开放了安全员、地面保障专员等岗位。

大规模重启招聘源于近年行业一线从业人员的流失。

某航空公司 2022 年底一线员工数比 2021 年少了 20%。民航局信息中心数据亦显示，截至 2021 年 12 月 31 日，全民航共有 97 307 名乘务员持证上岗，而在 2019 年则有 108 955 名乘务员，两年间全民航在职乘务员减少超过 10%。因此各航空公司都在防控政策优化之后加大了对乘务员的招聘力度，南方航空 2023 年就计划招收乘务岗位 3 000 人。根据蔚蓝长龙的统计数据显示，预计 2023 年全年国内航空公司乘务岗位招聘人数将超万人。

尽管国内民航业目前尚未完全复苏，但招聘通道一重启，大批怀揣飞天梦的人还是涌向了航空公司。空乘艺术生刘琦，在 2022 年底 12 月报名了南航、海航、首航三个航空公司的招聘。2023 年 1 月 5 日，刘琦从青岛来到了广州参加南航线下复试，很多人都是拖着行李箱从全国各地飞来广州面试，还有一些已经是飞过几年的空姐，现在重新回到这一行。不过，专业出身的刘琦并没有通过南航复试。"从报名、初试到复试，结伴面试的小伙伴越来越少，但最后还是没有挺到终审。"据刘琦了解，南航仅初试就已经淘汰了大部分人，通过的人不到十分之一。"竞争太激烈了，我们复试组里有个女生是大学本科、英语六级高分、

获得过一堆奖项、面容仪态出众，但复试也没通过。"

2023 年南航第一场空乘招聘共有 22 000 余人报名，通过网上筛选、线下复试、终审等环节，最终共有 500 余名面试者进入体检环节，面试通过率仅约 2.27%。可以窥见，尽管各大航空公司忙于补充人员，但竞争仍旧激烈。疫情之前几大航空公司的招聘就十分激烈，如今停了两三年重新开放，堆积了许多空乘专业方向的人员等待就业，因此竞争会更加残酷。

空乘岗位对学历、专业方面的要求比较宽松，薪资条件、工作环境都比较符合年轻人对首份工作的期待，所以一直以来面试通过率就不高，疫情前也仅在 2%～5% 的水平。

任务 1.1　民航客舱服务概述

服务是帮助、是照顾、是贡献，服务是一种形式。服务是服务人员与顾客互动的一种活动，活动的主体是服务人员，客体是顾客，服务是通过人际关系实现的，这就是说没有服务人员与顾客之间的交往就无所谓服务了。

1.1.1　服务

1. 服务的概念

服务是一种态度，是一种想把事情做得更好的欲望，时刻站在顾客的立场，设身处地地为顾客着想，及时去了解与满足顾客之所需。

服务也可指在一定的空间或时间里为顾客提供一切物资、精神生活等方面需要的总和。

服务是一项活动或一项利益，由一方向另一方提供本质无形的物权转变。服务的产生，可能与某一实体产品有关，也可能无关。

综合以上对服务的描述，我们可将服务理解为：服务是满足他人期望和需求的行为、过程及结果。指为他人做事，并使他人从中受益的一种有偿或无偿的活动。

2. 服务的词意分解

"service" 是服务的英语单词，它包含了服务的许多特征：

s——smile for every one　微笑待客；

e——excellence in everything you do　精通业务；

r——reaching oat to every customer with hospimlity　态度友善；

v——viewing every customer as special　贵宾礼遇；

i——inviting your customer to return　欢迎再来；

c——creating a warm atmosphere　温馨环境；

e——eye contact that shows we care　眼到心到。

3. 服务的商务定义

服务是对其他经济单位的个人、商品或服务增加价值，并主要以活动形式表现的使用价值或效用。

1.1.2 服务的特点

服务的特点有无形性、差异性、不可分离性和不可储存性等。

1. 无形性

服务在很大程度上是无形的和抽象的。顾客在购买服务前面临一定的风险，因为服务是无法预知和感觉的。为了降低风险，搭乘航班的旅客往往会参考航空公司的宣传承诺、网络评价和亲朋好友的消费经验等相关信息来选择航空公司。

2. 差异性

服务的差异性体现在以下两个方面。

（1）受到服务人员不同因素的影响，如服务人员所受教育、个人性格、人生态度及当时的身体状况、情绪等差异，都会导致提供的服务品质不能保证始终如一。

（2）受到被服务对象的经验和习惯的影响，顾客对同样的服务的价值评价标准也会不同。例如，乘务员在为年长的旅客服务时，往往会主动上前搀扶，而有些不服老的年长的旅客并不愿意接受这种服务。

3. 不可分离性

服务的提供（生产）与消费同时进行，通常消费者会参与这一过程。航空客运服务产品是服务的生产过程与消费过程同时进行的，也就是说服务人员提供服务给旅客的时刻，也正是旅客消费服务的时刻，两者在时间上不可分离。而且，旅客只有加入服务的生产过程中才能最终消费服务。

4. 不可储存性

服务过程是一个消费过程，具有不可储存性。航空公司提供给旅客的客运服务产品并不能储存起来以应对旅客人数的增减变化。客运服务产品与旅客之间的不可分离性决定了服务的不可储存性。旅客一进入客运服务系统，客运服务产品就开始生产；旅客一离开客运服务系统，客运服务产品就被消费完毕。

1.1.3 服务的要素

美国社会学家丹尼尔·贝尔说："服务是人与人之间的游戏。"这个游戏你能否玩好，取决于你对服务的理解深度。在对服务的期望中，主要是对无形商品的期望，如价廉物美的感觉、优雅的礼貌、清洁的环境等。

1. 服务意识

服务意识指企业全体员工在与和企业利益相关的人或企业的交往中所体现的为其提供热情、周到、主动的服务的欲望和意识，即自觉主动做好服务工作的一种观念和愿望，它发自服务人员的内心。例如以下几种认识。

（1）每一次接触旅客都是今天的第一次。

（2）旅客对与错并不重要，重要的是他们的感觉。

（3）好的感受来自好的态度。

（4）做你擅长的并且每天都要做得更好些。

（5）旅客的需要是我们工作的目标。

（6）让旅客满意是我们服务的宗旨。

（7）用心去服务旅客是我们职业的升华。

（8）我们从不怀疑——旅客永远是对的。

（9）永远比旅客想得多一些。

2. 规范标准

规范标准又称标准化服务，它是由国家和企业制定并发布的某项服务（工作）应达到的统一标准，要求从事该项服务（工作）的人员必须在规定的时间内按标准进行服务（工作）。包括操作规范、仪容仪表、行为举止、服务用语、时间限制等。

1）操作规范

（1）拿水杯时，应该四指并拢，握于水杯下 1/3 处，小指可托于杯底，不能用手拿杯子的口部或底部。

（2）纸杯提供冷、热饮服务，塑料杯主要提供酒类服务。

（3）开启瓶装碳酸饮料时，缓慢拧开瓶盖，防止喷溅。

（4）送出时应握住水杯中下部，不应触碰到杯口，递送热饮时避免与旅客"手对手"交接。

（5）为小孩提供饮料时，冷饮倒五成满，热饮征求监护人的意见，放于监护人处。

2）仪容仪表

（1）上岗前着统一制服，制服保持整洁。

（2）佩戴名牌或胸卡。

（3）头发清洁，女性刘海不能遮眉，长发束起；男性头发前不遮眉，后不压领，鬓角不盖耳。

（4）上班需要化淡妆，并及时补妆。

3）行为举止

（1）双手为他人递送物品。

（2）打喷嚏、咳嗽应将头转开或低下，并说对不起。

（3）不可在旅客面前掏耳朵、搔痒、脱鞋、卷裤脚或衣袖、伸懒腰、哼小调、打哈欠。

（4）提供服务时应面带微笑，和颜悦色，给人亲切感；谈话时应聚精会神，注意倾听，给人以尊重。

（5）对于容貌体态奇特或者穿着奇异服装的旅客切忌交头接耳或者指手画脚，不许背后议论、模仿、讥笑。

4）服务用语

（1）称呼语：小姐、先生、女士、阿姨、大伯等。

（2）问候语：您好、早上好、下午好、晚上好等。

（3）商量语：您看这样好不好？

（4）告别语：再见、晚安、祝您一路平安等。

（5）道歉语：对不起、请原谅、打扰了、失礼了等。

（6）道谢语：谢谢、非常感谢等。

（7）应答语：是的、好的、我明白了、不客气、没关系、这是我应该做的等。

（8）基本礼貌用语 10 字：您好、请、谢谢、对不起、再见。

5）时间限制

有一些规范的标准是可以被量化的。例如，在时间上的要求，根据《公共航空运输服务质量》（GB/T 16177—2007）标准要求，第一件行李应在飞机抵达停机位后 20 min 内交付旅客，全部行李应在 1 h 内交付完毕。

3. 服务技巧

正确巧妙地运用服务技巧，可有效提高服务的质量以及旅客的满意度。服务技巧可以分为以下四个等级。

（1）初级：态度、质量、效率。

（2）中级：标准、规范、细化。

（3）高级：主动、亲切、延伸。

（4）超级：个性、差异、超值。

这四个等级由低到高，由浅入深、混合交叉、互为关联。只有采用不同的服务技巧，如用心观察、善于聆听、热情微笑、巧用沟通等方法，因人而异，灵活运用，才能达到让顾客满意的最佳服务效果。

1.1.4 客舱服务

1. 客舱服务的定义

从狭义角度看，客舱服务是按照民航服务的内容、规范和要求，以满足旅客需求为目标，为乘机旅客提供相应服务的过程，是旅客在享受航空公司服务过程中最长时间的体验。

从广义角度看，客舱服务是以客舱为服务场所，以个人的影响力与展示性为特征，将有形的技术服务与无形的情感传递融为一体的综合性活动。这种理解，既强调了客舱服务的技术性，又强调了客舱服务过程中不可或缺的情感表达。

2. 客舱服务与企业文化

随着时代的发展和旅客需求的不断提升，优质的客舱服务在规范化、法制化和科学化管理的基础上，形成了更贴近旅客空中旅途的服务传统，包括个性化和特色化，使优质的客舱服务发展成客舱文化。例如，新加坡航空（简称新航）给人留下的最深刻印象就是其高水平的服务质量。空乘人员优雅大方的形象、细致贴心的服务、舒适宽敞的客舱座位、精益求精的美食、不断更新的机上娱乐系统等，都成为新航品牌的重要标志。新航打造的服务文化是其树立品牌形象、提升品牌竞争力的重要推动力，更是成为新航的企业文化，帮助新航持续保持盈利能力，在航空业保持领先地位和核心竞争力。

1.1.5　客舱服务的价值

1. 客舱服务是彰显航空公司服务能力的重要窗口

客舱服务是旅客体验航空公司服务产品时间最长的一个阶段。客舱服务除了向旅客提供舒适的座椅、可口的餐食、丰富的娱乐设施等硬件服务以外，更为关键的是乘务员对旅客的服务。服务规范，真诚热情、主动及时等服务特色，都是旅客感受企业服务能力最直观的表现。客舱服务已经成为航空公司竞争的关键手段之一。

2. 客舱服务是服务营销的重要组成部分

优质的客舱服务能够有效巩固现有旅客，赢得更多回头客，扩充大量长期忠诚的客户，是企业创造经济效益不可忽视的重要方面。根据著名的二八定律，航空公司 80%的利润来源于 20%的销售机会，而拥有优质的客舱服务有助于航空公司把握住 20%的销售机会，赢得更大利润。

1.1.6　客舱服务与一般服务的差异

1. 安全责任重大

航空运行的特殊性决定了航空企业的安全责任，确保客舱安全是安全运行的基本内容。驾驶舱的机组成员操控飞机，直接掌握飞行安全的生命线；而乘务组的首要职责就是确保客舱的运行安全，这也是所有客舱服务的基本要求。

2. 服务环境特殊

由于客舱环境有着设施功能特殊、服务环境相对狭小的特点，乘务员在服务过程中是近距离、长时间地接触旅客，而且还会受到飞行状态和旅客情绪的影响，所以要求乘务员能够有适应特殊环境的能力。

3. 规范性强

客舱服务既有国家规定的服务标准，又必须达到民航安全运行的要求。例如为旅客提供饮料时都有严格的标准。一般情况下，饮料倒七八成满，这不仅是礼仪要求，更是安全的要求。倒热饮时如发生颠簸，要严格遵守五成满的标准，防止因颠簸造成的倾翻和烫伤。客舱服务的规范性是飞行安全的重要构成因素之一，而飞行安全是民航工作的重中之重，牵系着旅客的生命、企业的生存以及国家的形象和声誉。

4. 注重个性化服务

客舱拥有不同层次的旅客，上至国家政要，下至平民百姓。既有经常乘坐飞机的商务旅客，又有初次乘坐飞机的旅游团队，其实客舱就是一个小社会。乘务员应该为不同层次、不同要求、不同地区、不同国籍的旅客提供个性化的服务。例如，为"两舱"旅客服务时更注重的是服务细节，如动作轻柔、沟通适时、服务"零打扰"；而为团队旅客服务的时候注重的是他们的乘机兴趣，如向旅客介绍飞机机型、空中的沿途风景等。这些个性化服务是提升服务品质的关键。

5. 突发情况处置

飞机在高空飞行时，能借助的资源比较少。一旦发生紧急情况，更需要乘务员的应变能力和处置能力。例如在旅客突发急病时，乘务员的角色就是医生、护士。除了给他们必要的安慰以外，最重要的就是对旅客实施急救，想尽一切方法来挽救旅客的生命，减轻旅客的痛苦。例如孕妇要在机上分娩，乘务员必须在有限的空间和时间、简单的设备以及机上没有医生的情况下，承担起接生的角色，尽一切可能帮助产妇，以确保产妇和婴儿的平安。

综上所述，客舱服务要求乘务员具备较高的综合素质。除了一般服务行业所需的服务意识、专业知识和服务技巧等以外，还要具备稳定的心理素质以及遇到突发情况时的处置能力和特殊技能，以实现航班的安全运行和服务要求。

1.1.7　客舱服务的要点

1. 热情真诚

态度决定一切。热情真诚的服务态度是旅客感受服务最直接的体现，而发自内心的微笑服务又是热情真诚最好的表现。航空服务的微笑一向被服务业所推崇，而乘务员的微笑更是服务业首推的职业微笑。上海航空有限公司的"空嫂"吴尔愉被旅客赞誉为"微笑天使"，只要有旅客乘机见到吴尔愉，最深的印象就是她那甜美的微笑。真诚热情的服务还包括耐心聆听旅客的意见和建议。

2. 主动及时

主动及时的客舱服务是乘务员服务意识的具体表现形式之一，乘务员要善于通过旅客的肢体语言、神情变化和情绪发泄来体察旅客潜在的需求，服务于旅客开口之前。在与旅客的语言交流过程中要注意揣摩旅客的心理，第一时间了解旅客的信息和期望，及时提供旅客所需要的服务。例如，当旅客突然打喷嚏正在为身边没有纸巾身处"窘境"时，乘务员不动声色地立即递送纸巾，既缓解了旅客的尴尬境地，又体现了乘务员主动敏捷的服务反应。

3. 有效沟通

俗话说，一句话可以令人勃然大怒，一句话也可以令人舒心感动。沟通的目的在于营造和谐温馨的客舱氛围，了解旅客的需求。

1）沟通的三要素

（1）有一个明确的目标。

（2）交流信息、思想和情感。

（3）达成共同的协议。

2）有效沟通的黄金法则

（1）良好的沟通从形象开始。

（2）倾听让沟通变得简单。

（3）赞美是沟通的润滑剂。

（4）学会换位思考，减少沟通障碍。

（5）懂得积极反馈，搭建沟通桥梁。

（6）善用肢体语言，让身体会说话。

4. 细节决定成败

乘务员应该本着以人为本、以客为尊的服务理念，将注重细节渗透在服务流程的每一个环节中，使旅客在旅途中感受到无微不至的关怀，甚至有时还会获得意外的惊喜。关怀和惊喜都会让旅客对空中服务留下深刻的印象，树立起航空公司良好的口碑。所以，注重细节是提升客舱服务品质的重要手段。

1.1.8　客舱服务的内容

1. 意识形态

从意识形态上划分，客舱服务包括有形服务和无形服务。

（1）有形服务通常指的是航空公司提供给旅客的空中的硬件服务，包括提供的餐饮服务、机供品（报纸杂志、毛毯、洗漱品等）服务、视频（音频）服务、客舱环境、客舱设备、座椅舒适（度）等。

（2）无形服务主要指的是心理服务，亦称为精神服务，是一种高层次的服务，包括服务的仪容仪表、气质风度、精神服务、文明礼貌、语言艺术及处理服务中的冲突艺术和紧急情况下的处置等。

2. 服务流程

从服务流程上划分，客舱服务包括迎客服务、广播服务（按需）、安全介绍、报纸杂志、餐饮服务、入境及海关单发放（国际）、免税品销售（国际）、目的地景点信息告知、落地送客服务。

3. 飞机舱位类型

从飞机舱位类型上划分，客舱服务可分为头等舱服务（F）、公务舱服务（B）和经济舱服务（E）。

任务 1.2　民航客舱乘务员概述

客舱乘务员被誉为"空中小姐"，在客舱里负责旅客的乘机安全和服务工作。由于航空服务的特殊性，客舱乘务员的职责要求、训练项目和工作规章与其他服务工作有着较大的区别。

1.2.1　专业术语解释

1. 客舱乘务员

客舱乘务员英文名称为 cabin attendant、cabin crew 或 flight attendant，是指出于对旅客

安全的考虑，受运营人指派在航空器客舱内执行安全、服务值勤任务的机组成员。

2.《大型飞机公共航空运输承运人运行合格审定规则》简介

《大型飞机公共航空运输承运人运行合格审定规则》是为了对大型飞机公共航空运输承运人进行运行合格审定和持续监督检查，保证其达到并保持规定的运行安全水平，根据《中华人民共和国民用航空法》和《国务院对确需保留的行政许可项目设定行政许可的决定》而制定的规则，目前执行的是 R7 版，该版本于 2021 年 3 月 15 日修订。

3. 局方

局方是指民航局和民航地区管理局及其派出机构，负责对大型飞机公共航空运输承运人的合格审定和运行实施统一监督管理。

4. 运营人

运营人全称为"公共航空运输承运人"，又称"合格证持有人"，是指依法设立，获得所属国家资质认可，通过局方运行审核的航空运营人或航空公司。

5. 机组成员

机组成员是指飞行期间在航空器上执行任务的航空人员，包括飞行机组成员和客舱乘务员。

6. 机长

机长是指经合格证持有人指定，在飞行时间内对航空器的运行和安全负最终责任的驾驶员。

7. 客舱乘务教员

客舱乘务教员是指满足相应经历要求的，在航空公司经批准的训练大纲中承担客舱安全训练与教学任务的人员。

8. 客舱乘务检查员

客舱乘务检查员是指满足相应经历要求的，经局方认可，在航空公司经批准的训练大纲中履行航空公司客舱安全资格检查职责的航空检查人员。

9. 值勤期

值勤期是指机组成员在接受合格证持有人安排的飞行任务后，从为了完成该次任务而到指定地点报到时刻开始，到解除任务为止的连续时间段。

1.2.2 乘务员的配备

根据《大型飞机公共航空运输承运人运行合格审定规则》的要求，为保证安全运行，合格证持有人在所用每架载运旅客的飞机上，应当按照下列要求配备客舱乘务员。

（1）对于旅客座位数量为 20～50 的飞机，至少配备 1 名客舱乘务员。

（2）对于旅客座位数量为 51～100 的飞机，至少配备 2 名客舱乘务员。

（3）对于旅客座位数量超过 100 的飞机，在配备 2 名客舱乘务员的基础上，按照每增加 50 个旅客座位增加 1 名客舱乘务员的方法配备，不足 50 的余数部分按照 50 计算。

航空运营人在符合最低配备要求的基础上，会根据机型布局和服务要求，适当增加客舱乘务员的配备数量。

1.2.3　乘务员的资质要求

在飞机上担任客舱乘务员的人员，应当通过局方批准的训练大纲所规定的训练科目并经合格证持有人检查合格。

1. 应携带的有效证件

客舱乘务员执行航班任务，应携带以下有效证件：

① 航空人员体检合格证；

② 中国民航空勤登机证；

③ 中国民用航空客舱乘务员训练合格证；

④ 国际航班携带中华人民共和国因公护照；

⑤ 地区航班携带因公往来香港、澳门特别行政区通行证或台湾地区入出境许可证。

以上有效证件是根据《大型飞机公共航空运输承运人运行合格审定规则》的要求，必须携带且现行有效。

注意：各航空运营人为提高旅客的满意度，在满足局方要求的前提下，会增加客舱乘务员的训练科目和要求，以提升客舱乘务员的专业能力。

2. 应携带的业务资料和装具

客舱乘务员执行航班任务，一般应携带以下业务资料和个人装具：

① 客舱乘务员手册；

② 客舱乘务员广播手册；

③ 服务规范手册；

④ 个人装具，包括姓名牌、笔、化妆品、围裙、丝袜、针线包和眼镜等备用物品以及驻外期间生活用品等。

注意：民航局对乘务员视力的一般要求为裸视力或矫正视力达到 0.5 以上，接受近视矫正手术。允许空中乘务员戴隐形眼镜飞行，但同时要求必须携带备用隐形眼镜或框架眼镜以备急用。

以上业务资料和装具是根据各航空运营人经局方合格审定通过后，在手册文件中规定需携带的内容。各航空运营人所要求的携带方式和携带内容会存在差异。

1.2.4　乘务员的形象要求

乘务员很大程度上代表着航空公司对外展示的企业形象，因此对乘务员的职业形象有着较高的要求：整体自然清新、端庄典雅、充满活力、富有时代感。

对标 1+X 职业技能等级证书标准

《民航空中服务职业技能等级标准》相关要求如下。

（1）初、中、高三个技能等级的基本通识要求涉及礼仪的规定如下。

> 能准确掌握以下知识点的相关基础知识，并能融会贯通于技能训练中：
> ① 乘务员职业形象设计；
> ② 公共礼仪；
> ③ 社交礼仪；
> ④ 商务礼仪；
> ⑤ 民航服务礼仪。

（2）初级技能等级涉及礼仪的职业技能要求规定如下。

> 能够表现出良好职业形象。

1. 制服要求

乘务员在执行航班任务时应穿着企业统一下发的制服和配饰，一般包括帽子、大衣、风衣、外套、衬衣、套裙、西裤、丝巾、领带、领带夹、皮带、皮鞋、姓名牌等。

（1）清洁。制服应干净无污渍，皮鞋保持光亮。

（2）平整。制服应熨烫平整、无皱痕，衬衣应束于裙或西裤内。

（3）完好。制服应完好无脱线，衣扣、拉链完好无缺损，丝袜无钩丝，皮鞋无破损。

2. 妆容要求

乘务员的妆容要按照企业要求，保持清新靓丽，符合职业形象。

1）女乘务员要求

粉底、口红、眼影、胭脂等妆面与肤色协调，眉形柔和，眼线浓淡适度，妆面不夸张；短发不得短于 7 cm、刘海不过眉、盘发者要求发髻光洁；可使用清新宜人的香水。

2）男乘务员要求

执行航班必须洗净头发、长度适中、不得短于 1 cm，前不遮耳，后不遮领，发型自然，无头屑；剃净胡须、修剪耳/鼻毛，保持面部皮肤滋润。

3）其他要求

（1）乘务员执行航班不得佩戴造型夸张的饰物和手表。

（2）双手保持清洁无污物，不留指甲，指甲保持洁净，有光泽。

（3）值勤前不得饮酒、抽烟和吃气味较重的食品，应保持口气清新。

3. 微笑及眼神交流的要求

乘务员的形体动作须符合职业特点。男乘务员显谦和，展现稳重细心、和气幽默的风度；女乘务员显温柔，展现亲和大方、优美典雅的气质。

1）微笑

美学家认为：在人们千姿百态的言行举止中，微笑是最美的。它是表示诚挚、友好和尊重的内心体现。乘务员应找到自己最好的微笑，并像春风一样温暖旅客的心。

（1）微笑的要求。乘务员为旅客提供服务时，要始终面带微笑，笑容要自然大方，使人感到亲切、友好、热情，表现出内心的真诚。乘务员职业形象如图1-1所示。

图1-1 乘务员职业形象

（2）微笑的训练。面部肌肉自然放松，眼神温和，牙齿轻分，嘴角上扬，唇微启，成月亮形。发出"茄子"或"whisky"的读音。

2）目光交流

眼睛是心灵的窗户，乘务员在服务时应与旅客有目光的交流，目光要真诚、和善、自然，带有笑意，不要盯视、斜视、窥视、上下扫视。

（1）迎客时，乘务员的目光应关注每一位旅客，真诚表示欢迎，不要仅关注旅客手中的登机牌。

（2）巡视客舱时，乘务员的目光应温柔谦和，与旅客目光相遇时，要亲切微笑，点头致意，不要躲闪。

（3）与旅客交流时，尽量使目光保持低姿位，平视旅客或低于旅客的眼睛，将目光保持在旅客的额头和两眼之间，更能表达一份诚意。

4. 站、走、蹲、坐的各类要求

1）站姿

身形正直，耳、肩、臂、胯成一线，下颚微收，胸部稍挺，小腹收拢，两手自然下垂，整个形体显得庄重平稳。身体的重心平均于两脚上，不要身歪体斜，头不宜向后仰，不能双腿分开，注意手的姿势。

（1）女乘务员站姿。双手可自然重叠于腹部，右手在上，四指并拢交叉。双腿并拢，两脚成V形或"丁"字形，禁止叉开双腿。乘务员站姿如图1-2所示。

（2）男乘务员站姿。双臂自然下垂，或重叠于腹部，左手在上，两脚微开。

2）走姿

上身挺直，头正目平，收腹立腰，摆臂自然，步态优美，步伐稳健，动作协调，走成直线。行走时，脚步不宜过重、过大、过急，不要左右摇晃和拖沓，乘务员走姿如图 1-3 所示。

图 1-2　乘务员站姿

图 1-3　乘务员走姿

（1）巡视客舱。缓慢地巡视客舱，步态优美，目光与旅客相遇时，自然地点头微笑。

（2）客舱相遇。在客舱内乘务员相遇，需采用"交叉走"：微笑示意，背对背而过，注意视线留在客舱内。

（3）基本走姿。可分为自然摆臂走、端盘走或两手腹前相握走等。两手腹前相握走如图 1-4 所示。

图 1-4　两手腹前相握走

3）下蹲

乘务员从餐车内拿取餐盒、在客舱内拾物以及与旅客交流（时间超过 1 min）时都需要采用下蹲的姿势。乘务员蹲姿如图 1-5 所示。

（1）下蹲时，上身应尽量保持垂直，双膝有高低，要轻蹲轻起、直蹲直起，不要深弯腰。女乘务员应注意双腿紧靠。

（2）拾物时，应采用侧身位，不要弯腰翘臀。左手拾物应左腿低，右手拾物应右腿低，另一只手放于腿上，保持姿态优雅。客舱拾物蹲姿如图 1-6 所示。

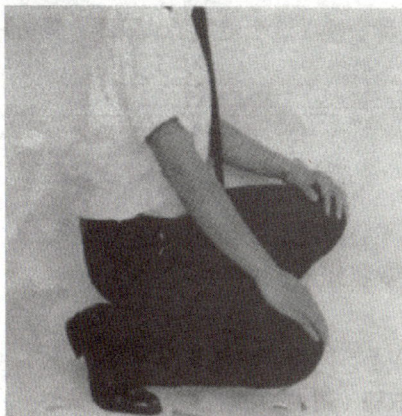

图 1-5　乘务员蹲姿

图 1-6　客舱拾物蹲姿

（3）与旅客交流时，可采用稍弯腰、稍屈膝或下蹲等动作来调节体态与高度；与旅客的距离适当，一般保持在 45～100 cm。与旅客交流蹲姿如图 1-7 所示。

图 1-7　与旅客交流蹲姿

4）坐姿

（1）基本要求。表情自然，目光平视。上身端正而稍向前倾，女乘务员双手自然交叉放于双腿上，双膝合拢，双腿放在中间或稍向左右，不可分开；男乘务员双手平放于双腿上，两脚与肩同宽。男乘务员坐姿和女乘务员坐姿分别如图 1-8 和图 1-9 所示。

图 1-8　男乘务员坐姿

图 1-9　女乘务员坐姿

（2）面对旅客。乘务员坐在旅客对面时，应注意入座姿势规范，与旅客要有目光交流；入座、起身前应向对面旅客微笑、点头示意；坐在乘务员座位上与旅客交谈时，上身应微微前倾，以示对旅客的尊重。图 1-10 和图 1-11 均为不正确的坐姿。

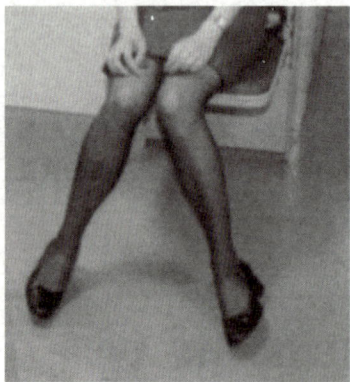

图 1-10　双脚叉开

图 1-11　双腿叠放

1.2.5　乘务员职业素养

职业素养（career quotient，CQ），体现了乘务员在职场中的素质和智慧。乘务员要具备良好的职业素养，拥有敬业的精神和合作的态度，在职业道德、职业意识、职业行为与职业技能上努力提高，展现客舱乘务员良好的职业素养和精神面貌。

1. 素养

素养即为修习涵养，是指一个人所拥有的素质与教养，包含个人的才智、能力和内在涵养，也可以称为平时养成的良好习惯和为人方式，反映了才干和道德的力量。

素养涵盖的范畴很广泛，包括责任、修养、情操、品德、涵养、阅历和人格魅力等。中华民族灿烂的文化和五千年的悠久历史，造就了无数具有高尚情操、优秀品德的典范人物，他们的道德修养让后人敬仰，是我们学习的楷模。

2. 职业素养

San Francisco 在其著作《职业素养》中这样定义：职业素养是人类在社会活动中需要遵守的行为规范，是职业的内在要求，是一个人在工作过程中表现出来的综合品质。

1）职业素养的体现

（1）敬业精神是职业素养的原动力，拥有敬业精神的人会始终热爱工作，并孜孜不倦地追求将工作做到最好。具有敬业精神的员工能够产生对工作的热情，能够激发对知识的渴望，能够创造无限的灵感，更能够迸发出心灵的火花。

（2）合作态度是职业素养的核心力，合作态度是积极正面的态度，拥有合作态度的员工会更加负责、自信与乐于助人。员工是企业的细胞，细胞组成企业的各个子系统，员工彼此能够高度融合，企业的各个子系统才能运作正常。对一名员工来说，具有合作态度能赢得团队的尊重，能带来阳光的心态，能获取重要的信息，能实现自我的价值。

2）职业素养的构成

职业素养由职业道德、职业意识、职业行为与职业技能四个方面构成。

职业道德、职业意识属于世界观、价值观、人生观范畴的产物，是职业素养中最重要的基础；职业行为、职业技能是通过学习培训、习惯养成、企业文化熏陶获得的产物，是职业素养的具体表现形式。

越来越多的企业高层开始认识到：员工所拥有的职业道德、职业意识的程度对企业的成功发展越来越重要。如果一个员工基本的职业素养不符合要求，比如说忠诚度不高的员工，那么其技能水平越高，其隐含的危险越大。

3. 乘务员的职业素养

客舱乘务员的职业素养具体表现在以下几个方面。

1）吃苦耐劳的职业精神

吃苦耐劳的职业精神指的是：不怕苦、不怕累、不怕烦、不怕脏的"四不怕精神"。

（1）不怕苦。客舱是乘务员的工作场所，由于空气干燥、客舱压力以及飞行噪声都会对乘务员的身心造成一定的影响。乘务员一般一周飞行 4～5 天，一天飞行 4～5 个航段，如果执乘早晨 08:00 的航班，乘务员可能在凌晨四五点就要离开家前往公司驻地，航班结束往往已到晚上或深夜，真可谓是披星戴月。乘务员要学会在繁忙辛苦的工作中找寻到奉献的快乐。

（2）不怕累。乘务员的服务要求高，工作量大。执行航班任务时，还要受到起飞、下降和加速度的影响，身体容易产生疲劳。尤其当执行通宵航班和国际远程航班任务时，人体的生物钟被打乱，还要调整时差，更加会感到身体疲倦、精力下降。因此，乘务员要学会休息，正常进餐，注意补充营养，从而保持充沛的精力执行航班任务。

（3）不怕烦。飞行工作中旅客往往会向乘务员提出各种各样的服务需求，或者询问相关问题，此时乘务员要不怕麻烦，要耐心细致地回答旅客的问题，及时满足旅客的服务需求。特别是遇到无法解决和满足旅客的服务需求时，乘务员更加要克服烦躁的情绪，调整好心情，绝不能够在旅客面前流露出不耐烦的表情。

（4）不怕脏。为旅客创造清洁卫生的客舱环境是乘务员服务工作的主要内容之一。乘务员在进行客舱服务时要及时回收餐盒、清洁盥洗室，遇到晕机呕吐的旅客，有时还要帮助清理呕吐在地上的污物，乘务员要克服怕脏畏难的情绪，及时做好客舱的各项清洁工作，保持干净整洁的客舱环境。

2）高度尽职的安全意识

安全是航空公司的最高职责。客舱乘务员不仅要做好客舱的服务工作，还要承担起保证旅客安全的重要职责。一名合格的乘务员应该具备高度的安全意识和对突发事件的正确判断和处置能力。

（1）安全意识强。乘务员在执行航班任务时要随时随刻保持高度的安全意识和防范的预见性，及时发现和处置存在的各种安全隐患，尽力避免不安全事件的发生。

（2）处置能力强。在航班运行中有时会遇到一些不安全事件，乘务员要沉着冷静，运用平时训练的技能，安全、及时、妥善地处置，全力保证旅客的安全。

3）精湛娴熟的专业技能

乘务员具备精湛娴熟的专业技能是做好航班安全服务工作的必要保证。同时还要注意加强知识面的拓宽，培养学习的兴趣和爱好，丰富自身的知识内涵，才能更好地做好本职工作，提供超出旅客期望的高品质服务。

（1）娴熟技能。乘务员娴熟的技能在服务过程中发挥着重要的作用。在遇到外籍旅客时，乘务员良好的外语能力，能增进与旅客的沟通，拉近与旅客的距离；在遇到旅客对安全规章不理解时，乘务员通过详细的讲解，为旅客答疑解惑，让旅客产生安全感和信任感，取得旅客对安全管理工作的支持；在遇到聋哑旅客时，乘务员可以运用掌握的哑语手势，为特殊旅客提供个性化的服务。总之，乘务员要具备娴熟的技能，才能为旅客更好地服务。

（2）学习提高。乘务员除了要掌握精湛的业务知识外，还应该养成良好的学习习惯，加强其他知识的学习，不断提升自身的服务能力。上海航空公司的全国劳模吴尔愉，在一次执行航班任务时遇到了一对青年夫妇到上海来旅游，她发现抱在母亲怀中的幼儿头部耷拉着，无法支撑起来。吴尔愉凭着日常生活积累的经验，判断该幼儿存在缺钙的问题并且比较严重，于是她主动建议这对夫妇到上海儿童医院去就诊，经检查该幼儿果然患有钙吸收障碍引起的软骨病，由于吴尔愉的提醒，幼儿得到了及时的治疗，这对夫妇对吴尔愉表示了衷心的感谢。由此可见，乘务员具有丰富的知识能够在航班中为旅客提供超值的服务，使旅客留下深刻的印象。

4）以客为尊的服务理念

客舱服务是民航运输服务的重要组成部分，为旅客提供优质的服务是乘务员的本职要求。树立以客为尊的服务理念是乘务员做好客舱服务的前提，是乘务员必须具备的职业素养。在激烈的航空市场竞争中，以客为尊的服务理念和优质的客舱服务将对航空公司占领市场份额，赢得更多的回头客发挥着至关重要的作用。

（1）良好的服务意识。乘务员要具备良好的服务意识，加强和提示重服务意识的培养和锻炼。要怀着感恩的心，珍惜每一次航班与旅客相聚的机会，尊重旅客、感恩旅客、服务旅客，让每一位旅客在体验客舱服务的过程中，成为忠诚客户。

（2）宾至如归的服务。乘务员为旅客提供热情周到、无微不至、温馨细致的服务，能让旅客感受到宾至如归。有些优秀的乘务员还总结提炼为特殊旅客服务的"五好服务"经验，即老年旅客的好儿女、伤残旅客的好护士、特殊旅客的好帮手、儿童旅客的好阿姨、外地旅客的好向导，让旅客充分享受到以客为尊的服务体验。

5）端庄优雅的言行举止

乘务员在客舱里服务，与旅客是近距离的接触，其一言一行都会引起旅客的关注，端庄优雅、彬彬有礼的言行举止会给旅客带来愉悦的视觉感受和心理上的满足。

（1）内外兼修。乘务员端庄优雅、彬彬有礼的言行举止并不完全是与生俱来的，需要通过平时严格的训练和日常积累而养成。因此，乘务员要注重内外兼修，不仅要注意仪态形象的端庄优雅，更要注重内在素质的修炼和提高，包括树立正确的人生价值、提升道德修养和文化知识的积累，达到秀外慧中、大家风范的绅士和淑女品位。乘务员仪态训练如图 1-12 所示。

图 1-12　乘务员仪态训练

（2）注重训练。乘务员要注重言行举止的训练和实践，养成良好的行为习惯。女乘务员可以经常参加芭蕾舞、游泳、瑜伽等各项形体训练，练习身体的柔韧性和舒展性，保持亭亭玉立的体型身材；男乘务员可以参加长跑、球类等体能和肌肉训练，锻炼出强健的体魄、挺拔的身姿。当航空公司的机组成员在候机楼精神饱满地、整齐地进场时，一定会成为广大旅客瞩目的靓丽的风景线。

6）积极阳光的心理素质

乘务员在飞机上要接触性格迥异的众多旅客，也会遇到各种意想不到的突发情况，如果没有良好的心理素质、热情开朗和积极乐观的性格，就很难胜任此项工作。

（1）换位思考。乘务员在服务工作中具有换位思考的意识是非常重要的。换位思考就是要求乘务员站在旅客的角度去思考问题，顾及旅客的感受和想法。如天气原因造成航班长时间的延误，耽误了旅客的行程，影响了旅客的工作，此时，旅客难免有焦急烦躁的情绪，将怨气发泄在乘务员的身上，有时会谩骂乘务员，甚至有粗鲁的行为。乘务员要从旅客角度出发，调整心态，避免因旅客的干扰而影响自己的情绪，对服务造成不良影响。乘务员学会了换位思考就会用微笑和阳光心态来面对工作的压力和各种突发情况，更好地投入工作。

（2）宽容豁达。宽容豁达是一种健康良好的生活态度，乘务员需要拥有宽容豁达的态度，要学会正面思考，乐观豁达，培养面对困难的勇气和心理素养。当遇到旅客不满意对乘务员进行批评时，乘务员要大度宽容、耐心听取、虚心接受，对自身工作的不足与问题，要真诚致歉，思考反省，在后续的服务中及时改进；当旅客提出的抱怨批评非乘务员主观原因时，乘务员也要虚心听取、宽容接受，不抱怨旅客的不理解。乘务员只有学会宽容与豁达，才能积极面对航班中的各种困难和压力，促进自己成长进步。

7）强健的身体素质

乘务员在万米高空工作，要承受低气压、高紫外线、高噪声、缺氧、极地飞行、颠簸、晕机等影响，要始终在旅客面前保持良好的精神状态，就必须具备良好的身体素质和健康的体魄。

（1）注意劳逸结合。对空中乘务员而言身体素质的意义非同小可。乘务员的身体素质就像可靠的硬件，给予乘务员工作的能量和精力。所以乘务员要注意休息调整和坚持体育锻炼，避免出现以睡觉代替休息，过于沉溺于网络而忽视锻炼的现象。注意劳逸结合，形成良性循环。

（2）良好的膳食习惯。乘务员要建立良好的膳食习惯，保证身体必需的营养和能量。由于乘务员的工作特点，往往不能保持正常的用餐规律，所以乘务员要合理膳食、绿色膳食，避免挑食、偏食、节食和暴饮暴食，同时要禁烟控酒，注意保养肠胃，爱惜身体。

4. 职业素养的养成

（1）树立爱岗敬业的精神。爱岗敬业是乘务员养成良好职业素养的关键因素。爱岗就是热爱自己的工作岗位，热爱本职工作，敬业就是要用一种恭敬严肃的态度对待自己的工作。在疫情来袭之际，乘务员们挺身而出，奋战在航班一线，冒着被感染的危险，积极做好疫区旅客的体温测量工作，将一批批的旅客安全送到目的地，看似平凡的乘务员工作，实则体现了乘务员的伟大精神，展现了乘务员良好的职业素养。

（2）坚持诚实守信的作风。诚实守信是乘务员养成良好职业素养的立足点。乘务员要开阔自己的胸襟，培养高尚的人格，树立实事求是和以诚待人的意识。当乘务员与旅客沟通时要尊重旅客，实事求是、亲和友善；当遇到旅客不理解服务工作时要换位思考，站在旅客的角度去理解与关心，答应旅客的事一定要尽力去做到最好，体现良好的道德品质和道德信念，展现乘务员的风采。

任务 1.3　民航客舱乘务员的专业技术能力

乘务员具备娴熟全面的专业技能是旅客乘机安全和获得良好服务体验的保证。航空公司依据民航局批准的《客舱乘务员训练大纲》，组织开展各类训练科目的训练与考核评价工作，确保乘务员接受各项专业能力训练并获得胜任岗位的资质。

1.3.1　专业训练内容

1. 初始新雇员训练

初始新雇员训练是指对航空公司新聘的将要从事客舱乘务员岗位的人员所进行的训练。该训练还适用于：从其他航空公司调入该航空公司的客舱乘务员、中断客舱乘务员工作超过连续 30 个日历月（不含）的原训练合格的客舱乘务员。

1）安全训练

航空公司根据局方审批同意的《客舱乘务员训练大纲》对初始新雇员进行培训，训练科目包括运行规则、乘务工作职责、机上通用设备/系统训练、特定机型设备/系统训练、应急程序训练、应急操作训练、机上急救训练、应急生存训练等。

完成地面初始新雇员训练后，需进行每种机型至少 4 个航段不少于 7 h 的带飞训练，并在经局方认可的客舱乘务检查员的监督下履行规定的职责至少达到 2 个航段不少于 5 h，经检查合格后，方可视为完全完成全部初始新雇员训练，由航空公司颁发有效的训练合格证。

2）服务训练

服务训练是航空公司为提高客舱乘务员职业素养，提高旅客满意度而制定的服务训练科目。在进行初始新雇员训练时，还设置服务训练科目，包括礼仪训练、职业形象、商务知识、旅客服务心理、服务程序、服务技能、广播能力、语言沟通等。

2. 转机型训练

转机型训练是指需要在某一新机型上担任客舱乘务员岗位前必须完成的训练。受训人需进行每种机型至少 4 个航段不少于 7 h 的带飞训练，并在经局方认可的客舱乘务检查员的监督下履行规定的职责至少达到 2 个航段不少于 5 h，经检查合格后，方可视为完成转机型训练。

3. 定期复训

定期复训是指已经训练合格的在岗客舱乘务员，为满足新近经历熟练水平，必须在每12 个日历月内完成不少于 12 h 的复训，并通过考核。

4. 重新获得资格训练

重新获得资格训练是指未能在规定期限内完成定期复训或飞行检查不合格需要重新训练的客舱乘务员，以及中断客舱乘务员工作达到连续 6 个日历月（含），为恢复其客舱乘务员资格而进行的训练。

5. 差异训练

差异训练是指对于已在某一特定类别的飞机上经审定合格并服务过的客舱乘务员，当局方认为其使用的同类飞机与原服务过的飞机在性能、设备或操作程序等方面存在差异时，需要进行补充性的差异训练。

6. 客舱机组与飞机机组联合训练

客舱机组与飞机机组联合训练是指航空公司为使客舱机组和飞机机组在正常和应急情况下建立良好的沟通和协同配合而建立的训练，该项训练可能包含在初始新雇员训练的"应急生存训练"类别中。客舱乘务员初始新雇员训练课程设置如表 1-1 所示。

表 1-1　客舱乘务员初始新雇员训练课程设置

分类	科目	分类	科目	分类	科目
安全	危险品运输	服务	服务理念	综合	乘务英语
	安全规则		职业形象		企业文化教育
	机型训练		服务程序		航班模拟训练
	应急程序		特殊服务		安保培训
	机上急救		服务心理		案例教学

1.3.2　专业技能要求

乘务员要更好地服务旅客，就应达到以下专业技能要求。

1. 语言沟通要求

客舱乘务员在为旅客服务时，除了眼神、微笑、动作的交流之外，更多的是通过语言的交流，语言沟通能力是客舱乘务员必备的业务技能。在与旅客沟通交流时要注意有礼有节、语气语调、场合时间、把握分寸、掌握主动，做到"尊重、清晰、倾听、礼貌"。

2. 应急处置要求

飞行过程中有时会发生各种突发事件，乘务员应具备较强的应急处置能力，在有限的时间内进行处置，将危害降到最低程度，一般来说，应急处置要遵循以下三条原则。

1）冷静判断原则

客舱乘务员在应急情况发生时要沉着冷静，进行自我情绪控制，同时也要控制旅客的情绪，根据事件情况做好正确判断才能采取正确的解决方法。

2）明确职责原则

安全第一是最高职责，客舱乘务员要时刻明确自身岗位的职责和要求，航前准备要认真回顾各项安全规章和各项标准，在发生应急事件时坚守岗位，分工合作，灵活应变。

3）运用程序原则

客舱应急处置有基本的处置程序和操作标准，乘务员要熟练掌握和灵活运用各类处置程序，积极发挥程序的作用，提高处置突发事件的能力和效率。

3. 良好服务要求

良好的服务能力是乘务员必须具备的专业能力，它能够让旅客感受到宾至如归、温馨如家的服务体验，良好的服务能力表现在以下几个方面。

1）热情服务

热情服务是一种能力，是做好服务工作的基础。例如，航程中遇到年轻父母抱着婴儿乘机，乘务员要热情、主动地帮助婴儿母亲冲奶粉、泡奶瓶，在婴儿哭闹的时候给予安慰和帮助，减轻母亲的焦虑，为旅客排忧解难。具备一颗为旅客热情服务的心，就是急旅客所急，想旅客所想，尽力提供亲切温馨、主动关爱的服务。

2）细腻服务

乘务员要学会细致观察旅客需求，细心揣摩旅客心理，做到眼中有活，服务于旅客开口之前。例如，老年旅客去盥洗室、离开客舱时，要主动关心并搀扶老人，给予适时的帮助。

3）专业技能

乘务员要有精湛良好的专业能力，成为服务专家。能够正确判断和处置服务中的棘手问题，从而建立旅客的信任感，让旅客放心、安心。

1.3.3 乘务员专业术语及常用英文代码

1. 部分专业术语

（1）任务：所飞航班计划。

（2）签到：起飞前，在规定时间内在乘务员所执行的航班签到本上签名，或通过网络完成确认。

（3）准备会：飞行前，按规定的时间参加由乘务长组织的航前乘务会，主要内容包括复习航线机型知识、分工了解业务知识、制定服务方案和客舱安全紧急脱离预案等。

（4）机组会：在飞行前一天由机长召集，机组成员及带班乘务长参加，主要内容包括汇报各工种准备情况、听取机长的有关要求等。

（5）供应品：为旅客和机组配备的航线上需要的物品总称。

（6）回收：将机上剩余的供应品等清点后放入规定餐箱、餐车内，铅封好并填好回收单的工作过程。

（7）操作分离器：将飞机客舱门紧急滑梯的手柄移动至自动（预位）或人工（解除）位置的过程。

（8）机上值班：在洲际长航线两餐服务之间，为保持乘务员的精力和体力而采取的轮换工作制度。

（9）安全检查：飞机在起飞、下降、着陆、颠簸或紧急情况下，为确认旅客及各种设施符合安全规定而进行的检查。安全检查的内容包括：

① 紧急出口、走廊、厕所无障碍物；

② 小桌板靠背在正常位置；

③ 行李架关好扣牢；

④ 将厨房内所有物品固定好；

⑤ 拉好窗帘并固定好；

⑥ 系好安全带；

⑦ 禁止吸烟；

⑧ 禁止使用对无线导航设备有影响的电子设备。

（10）巡视客舱：乘务员在客舱走动，观察旅客需求、安全状况，处理特殊情况，提供及时、周到的服务。

（11）清舱：在旅客登机前，安全员或乘务员检查机上所有部位，以确保机上无外来人、外来物。

（12）旅客名单：写有旅客姓名、目的地、座位号等内容的单子，通常由商务部门在飞机起飞前同业务袋一起送上飞机。

（13）特殊餐：有特殊要求的餐食，如清真餐、素食、婴儿餐、犹太餐等。

（14）预先准备：乘务工作的四个过程之一，指执行任务前至登机阶段的各项准备工作。

（15）直接准备：乘务工作的四个过程之一，指乘务员登机后至乘客登机前的准备工作。

（16）空中实施：乘务工作的四个过程之一，指飞机开始滑行至乘务员下机前所有的服务工作。

（17）航后讲评：乘务工作的四个过程之一，指完成航班任务之后的工作讲评。

（18）航线图：标明飞机飞行航线、距离及地点的图示。

（19）航班：在规定的航线上，使用规定的机型，按规定的日期、时刻进行的运输飞行。

（20）载重表：航班载运旅客、行李、邮件、货物和集装设备重量的记录，是运输服务部门和机组之间、航线各站之间接载的凭证，记载着飞机的各种重要数据。

（21）载重图：以空机重心指数作为计算的起点，确定飞机的起飞重心的位置，并根据飞机重心的要求，妥善安排旅客在飞机上的座位和各货舱载重的填制图。

（22）随机业务文件袋：总申报表、旅客舱单、载重平衡、货运单及邮件单等业务文件，以及客、货、油舱等图。

2. 常用英文代码

（1）F 舱：flist class，头等舱。

（2）C 舱：business class，公务舱。

（3）Y 舱：economy class，经济舱。

（4）CP：chief persur，主任乘务长。

（5）PS：persur，乘务长。

（6）FS：头等舱乘务员。

（7）CS：公务舱乘务员。

（8）SS：普通舱乘务员。

（9）VIP：very important person，重要旅客、政府官员、外交使节、部以上领导、公司认可的要客。

（10）VVIP：very very important person，非常重要的旅客、国家元首、享受专机待遇的旅客。

（11）PAX：旅客。

（12）UM：无成人陪伴小旅客。

1.3.4　客舱安全规定

1. 起飞前客舱安全检查规定

飞机起飞前乘务员客舱安全检查规定如下。

（1）乘务员的安全示范应到位。

（2）旅客应系好安全带。

（3）打开客舱门帘并扣好。

（4）禁止吸烟。

（5）椅背竖直，脚垫收起。

（6）扣好小桌板。

（7）打开所有遮光板。

（8）固定好厨房餐具及供应品。

（9）扣好行李箱。

（10）手提行李不应放在紧急出口、走廊过道及机门道旁。

（11）确认紧急出口座位的旅客。

（12）儿童用安全带固定好或由成人抱好。

（13）乘务员在指定位置坐好并系好安全带和肩带。

2. 降落前客舱安全检查规定

飞机降落前乘务员客舱安全检查规定如下。

（1）由广播员广播安全规定内容。

（2）确保厨房内设备、餐车固定好。

（3）旅客的安全带应系好。

（4）椅背调直，脚垫收起。

（5）扣好小桌板。

（6）拉开遮光板。

（7）厕所无人使用。

（8）旅客座位处无食物、饮料、餐具。

（9）电视屏幕收起。

（10）行李箱扣好，手提行李固定好。

（11）调暗客舱灯光。

（12）关闭厨房电源。

（13）打开客舱门帘并扣好。

（14）乘务员在指定位置坐好并系好安全带和肩带。

3. 系好安全带的规定

在下列情况下，乘务员应检查或广播通知旅客系好安全带。

（1）飞机滑行、起飞、降落时。

（2）"系好安全带"信号灯亮时。

（3）飞机颠簸时。

（4）飞机在夜间飞行时。

（5）遇有劫机者劫机时。

（6）在起飞和着陆过程中，乘务员也必须按规定坐在其值勤位置上并系好安全带和肩带。

4. 安全演示规定

在旅客登机完毕，关机门后，乘务员通过演示或录像向旅客介绍如下客舱安全规定。

（1）安全带的操作。

（2）紧急出口的位置。

（3）氧气面罩的储藏位置及使用方法。

（4）吸烟规定。

（5）收直椅背，扣紧餐桌。

（6）旅客安全须知。

（7）限制使用的电子设备。

（8）滑梯的使用。

（9）紧急撤离灯。

（10）在延伸跨水飞行或距最近的海岸线 50 海里飞行时，需介绍救生设备位置及其使用方法。

（11）为残疾旅客做安全知识介绍。

（12）为坐在紧急出口处的旅客做应急出口演示介绍。

（13）为未成年的无成人陪伴的儿童做单独介绍。

（14）在演示期间，乘务员应分布在所有出口门附近。

1.3.5 乘务相关的航空运输知识

1. 客票的一般规定

中国旅客在购票时，须提供本人居民身份证，并填写"旅客订座单"。外国游客、华侨及港、澳、台同胞购票须出示有效护照，如回乡证、台胞证，或公安机关出具的其他有效身份证件，并填写"旅客订座单"。购买儿童票（2～12 周岁以内）、婴儿票（14 天～2 周岁以内），应提供儿童、婴儿出生年月的有效证明。重病旅客购票，须持有医疗单位出具的适于乘机的证明，经承运人同意后方可购票。购买承运人规定的优惠票，应提供规定的证明。自 2008 年 6 月 1 日开始禁用纸质客票，全部使用电子客票。在网上购票时，应按照要求填写有效身份证件的号码，并根据约定完成支付手续，旅客只需到机场指定柜台出示身份证件即可办理登机手续。目前办理登机手续的方法包括机场自助值机、提前网上值机以及短信值机等，如果不需要托运行李，乘客可以使用更加简便的方式办理登机手续，以节省时间。

> **职业技能大赛试题**
>
> ### 2022 年全国高等学校民航服务技能大赛指导版试题
>
> 中国民航对婴儿旅客规定的年龄范围是（　　　）。
> A. 14 天至 2 周岁以内　　　　　　B. 14 天至 3 周岁以内
> C. 14 天至 1 周岁以内　　　　　　D. 1 个月至 2 周岁以内

2. 特殊旅客

特殊旅客分为重要旅客、无成人陪伴儿童、老年旅客、孕妇、婴儿、盲人、聋哑人、酒醉旅客、犯人、机要交通人员、外交信使、额外占座者、自理行李占座者、保密人员、病残旅客等，共计 15 种特殊旅客。

关于特殊旅客的载运限制：在每一航段上，特殊旅客（不包括 VIP）的数量不得超过 4 名（轮椅旅客、担架旅客不得超过 2 名）。

以下主要介绍机上常见的特殊旅客。

1）重要旅客

重要旅客分为最重要旅客（VVIP）、一般重要旅客（VIP）、工商企业界重要旅客（CIP）（须提供有效证明同时注明随行人员）。

2）无成人陪伴儿童

无人陪伴儿童是指年龄在 5～12 周岁之间独自一人乘机的旅客。

3）老年旅客

老年旅客是指年龄在 70 岁以上（含 70 岁），年迈体弱，虽然身体并未患病，但在航空旅客中显然需要他人帮助的旅客（注意：年龄超过 70 岁，身体虚弱，需要轮椅代步的老年旅客，应视同病残旅客给予适当的照料）。

4）孕妇

由于飞机是在高空飞行，高空空气中氧气相对减少，气压降低，因此，航空公司对孕妇乘机有一定的限制条件。只有符合航空运输规定的孕妇，才可接受其乘机。怀孕不足 8 个月（32 周）的健康孕妇，可按一般旅客运输。

5）婴儿

由于新生儿的抵抗力差，呼吸功能不完善，咽鼓管又较短，鼻咽部常有黏液阻塞，飞机升、降时气压变化大，对身体刺激大，新生儿又不会做吞咽动作，难以保持鼓膜内、外压力平衡。所以，对婴儿乘坐飞机要有一定限制条件。承运人规定：足月新生儿出生不满14天（含14天）或出生不足90天的早产婴儿不能乘机。这里的婴儿是指年龄不满2周岁的人。

6）酒醉旅客

酒醉旅客是指酒精、麻醉品或毒品中毒，失去自控能力，在航空旅客中明显会给其他旅客带来不愉快或可能造成不良影响的旅客。

7）犯人

由于犯人是受到我国现行法律管束的，在办理犯人运输时，应与有关公安部门配合。

8）病残旅客

病残旅客是指由于身体或精神上的缺陷或病态，在航空旅行中不能自行照料自己的旅途生活，需要他人帮助照料的旅客。

（1）予以承运的轮椅旅客：自带轮椅可免费运输，作为托运行李装在货舱内。在每一航班的每一航段上，只限载运2名轮椅旅客。轮椅旅客的代码分别为 WCHC/WCHR/WCHS。

（2）予以承运的担架旅客：担架旅客需提前申请，并由机务人员完成客舱座椅的拆除，轮椅旅客的免费行李额为60 kg。担架旅客的代码为 STCR。

3. 行李运输

承运人承运的行李，按运输责任分为托运行李、自理行李和随身携带物品。

1）托运行李

托运行李是指旅客交由承运人负责照管和运输，并填开行李票的行李。托运行李每件重量不能超过50 kg，体积不能超过40 cm×60 cm×100 cm。

2）自理行李

自理行李是指经承运人同意、由旅客自行负责照管的行李，又称为客舱行李、手提行李。自理行李的重量计算在免费行李额内，单件重量不超过10 kg。自理行李的体积不能超过20 cm×40 cm×55 cm。

3）随身携带物品

随身携带物品是指经承运人同意、由旅客自行携带乘机的零星小件物品。旅客随身携带的手提物品的重量，每位旅客以5 kg为限。持头等舱客票的旅客，每人可以携带两件物品，持有公务舱或经济舱客票的旅客，每人只能携带一件物品。在波音系列飞机执行的航班中，上述物品的体积不能超过20 cm×40 cm×55 cm。

4）免费行李额

国内航班行李运输实行计重制免费行李额，持成人或儿童票的旅客免费行李额：头等舱40 kg，公务舱30 kg，经济舱20 kg。

持婴儿票的旅客无免费行李额，但可携带一辆折叠式婴儿推车或一个婴儿摇篮，允许带入客舱，但应置于座椅下或不影响其他旅客的位置。

5）行李运输相关规定

目前乘坐国内航班的旅客一律禁止随身携带液态物品，但可办理交运，其包装应符合民航运输有关规定。旅客如携带少量旅行自用的化妆品，每种化妆品限带一件，其容器容积不得超过 100 mL，并应置于独立袋内，接受开瓶检查。乘务员执行过夜航班时，随身携带的个人洗护用品也应遵守此规定。

6）锂电池相关规定

根据锂电池安全航空运输的要求，旅客或机组成员个人自用内含锂或锂离子电池芯或电池的便携式电子装置，如锂电池移动电源（充电宝）、照相机、手机、手提电脑、便携式摄像机等，应作为手提行李携带登机，并且锂电池的额定能量值不得超过 100 Wh（瓦时）。超过 100 Wh 但不超过 160 Wh 的锂电池属于限制携带，需经航空公司批准后可以随身携带含有该种锂电池的电子设备上机，但数量不得超过两个。超过 160 Wh 的锂电池严禁携带或托运。携带上机的备用电池必须单个做好保护以防短路（放入原零售包装或以其他方式将电极绝缘，如在暴露的电极上贴胶带，将每个电池放入单独的塑料袋或保护盒当中），并且仅能在手提行李中携带。飞行过程中装有启动开关的锂电池移动电源（充电宝），应当确保开关处于关闭状态。不得使用移动电源为消费电子设备充电或作为外部电源使用；不得开启移动电源的其他功能。如果电池上只标记有毫安时（mAh），可将该数值除以 1 000 得到安时（Ah），再乘以额定电压即可得到其额定瓦特小时，即额定能量（Wh）=电池容量（Ah）×标称电压（V）。未标记额定能量的便携式电子装置不能通过安检，乘务员应该按照规定检查自身携带的便携式电子设备及移动电源是否符合锂电池安全航空运输的要求，并对相关乘客做好宣传解释工作。

4. 飞机颠簸

飞机颠簸是指飞机在飞行中突然出现的忽上忽下、左右摇晃及机身震颤等现象，是由于飞机飞入扰动气流区，扰动气流使作用在飞机上的空气动力和力矩失去平衡，飞行高度、飞行速度和飞机姿态等发生突然变化而引起的。当扰动气流的水平尺度与机身长度大致相当时，易发生颠簸。飞机颠簸多发生在急流、晴空湍流、对流云区、低空风切变和地形波等条件下。

飞机颠簸强度与扰动气流强度、飞行速度、翼负荷等有关，通常分为弱、中、强三级。中度以上颠簸会使飞机仪表指示失常，操纵困难，影响客舱服务和旅客安全等。特别严重时，会破坏飞机结构，造成事故。飞机一旦进入颠簸区，机长通常会发出系上安全带的信号，客舱乘务员应及时广播，提醒旅客系上安全带。

思考与练习

1. 简述客舱服务的定义和构成服务的要素有哪些。

2. 简述客舱服务与一般服务的差别。

3. 简述乘务员的资质要求有哪些内容。

4. 乘务员最重要的职业素质是什么?

5. 乘务员要具备哪些素养?

6. 简述客舱乘务员应具备哪些专业技能。

7. 简述飞机起飞前乘务员客舱安全检查内容有哪些。

项目 2

民航客舱服务

思政教育目标

通过学习民航客舱服务知识与技能，树立全心全意为旅客服务的职业理念。

知识技能目标

◎掌握特殊旅客的分类及服务要点。

◎掌握迎送服务的作用和迎送服务要点。

◎掌握广播服务的重要性与广播要求。

◎掌握餐饮服务的意义和餐饮服务要点。

◎掌握机上娱乐服务要点。

◎掌握不正常航班旅客的服务要求和注意事项。

对标 1+X 职业技能等级证书标准

《民航空中服务职业技能等级标准》相关要求如下。

（1）初级技能等级涉及客舱服务的职业技能要求如下。

① 能够规范迎接旅客并引导入座。

② 能够指导旅客合理摆放行李。

③ 能够指导旅客使用服务设施。

④ 能够正确进行客舱的餐饮服务。

⑤ 能够正确规范地引导旅客下机。

（2）中级技能等级涉及客舱服务的职业技能要求如下。

① 能够确保落实客舱服务设施设备的检查。

② 能够熟练完成机上餐饮配备的数量核对。

③ 能够按规定监控所有旅客行李摆放稳妥。

④ 能够对特殊旅客提供有针对性的服务。

（3）高级技能等级涉及客舱服务的职业技能要求如下。

① 能够熟练掌握并运用客舱服务的沟通技巧。

② 能够合理运用沟通策略提高旅客满意度。

③ 能够加强换位思考全力关注旅客乘机感受。

④ 能够正确运用多种方法解决旅客实际问题。

《空中乘务职业技能等级标准》（标准代码 500006；2021 年 2.0 版）相关要求如下。

（1）初级技能等级涉及机上服务的职业技能要求如下。

1 旅客登机前准备	1.1 能根据不同机型（B737/A320）的服务设备检查标准，正确检查及使用客舱服务设备。
	1.2 能根据客舱预先准备阶段的服务工作要求，完成客舱的地面准备工作。
2 迎客登机	2.1 能正确清点旅客人数。
	2.2 能根据民航客舱服务与管理的相关知识，引导旅客正确入座。
	2.3 能根据旅客行李物品存放与保管的要求，协助旅客安放行李到指定区域。
3 空中服务	3.1 能根据报纸、杂志分发程序及标准，为旅客提供报刊服务。
	3.2 能识别餐食及饮料的种类并且根据客舱服务规范用语向旅客进行介绍。
	3.3 能根据餐饮服务的标准，为旅客提供餐饮服务。
	3.4 能根据客舱服务规范的要求，回收餐具、整理客舱。

（2）中级技能等级涉及机上服务的职业技能要求如下。

1 旅客登机前准备	1.1 能根据不同机型（B737/A320）厨房设备的检查标准，正确检查厨房的设备设施。
	1.2 能根据厨房预先准备工作程序及要求，完成厨房的地面准备工作。
2 迎客登机	2.1 能根据民航客舱服务与管理的相关知识，及时疏通过道引导旅客入座。
	2.2 能在迎客过程中根据旅客不同的服务需求进行服务用品的提供。
3 空中服务	3.1 能根据服务规范，为不同的旅客提供相应的服务（无成人陪伴儿童、盲人、聋哑人等）。
	3.2 能根据重要旅客的服务要求，为重要旅客（CIP、VIP、VVIP）提供相应的服务。
	3.3 能根据旅客预定的特殊餐食，进行确认并及时提供规范的服务。
	3.4 能根据烤箱的使用方法及餐食烘烤的要求，正确使用烤箱烘烤餐食。

（3）高级技能等级涉及机上服务的职业技能要求如下。

1 旅客登机前准备	1.1 能根据机上客舱卫生检查规定，组织乘务员进行客舱卫生的检查。
	1.2 能根据机上清舱规定，组织乘务员进行清舱检查。
	1.3 能根据服务设备检查标准及客舱预先准备程序，综合乘务员的汇报内容，判断旅客登机前的准备工作是否全部完成。
2 迎客登机	2.1 能在登机过程中，对客舱内突发的特殊情况进行处置。
	2.2 能根据民航客舱服务与管理的相关知识，把控登机速度与秩序，按时关闭舱门。
3 空中服务	3.1 能根据餐饮服务标准及要求，结合旅客需要，掌握机上常见酒饮的基本知识。
	3.2 能组织实施经济舱服务工作，在特殊情况下进行合理处置。
	3.3 能根据安全第一、旅客至上的原则，正确处理旅客抱怨及投诉问题。

项目导引

南航空姐、空少岗位技能大比拼 展新时代民航人风采

2022 年 11 月，中国南方航空乘务岗位技能大赛西安赛在陕西西安南航西安分公司成功落下帷幕。经过激烈角逐，张楠、李瑶、田颖 3 名选手脱颖而，他们将代表南航西安分公司参加 12 月在广州举办的中国南方航空乘务岗位技能大赛决赛。

本次大赛自 2022 年 9 月启动以来，历时 60 天，共吸引南航西安分公司 141 名空姐、空少参赛。大赛共设置了木棉风采、木棉安康、木棉烂漫、木棉绽放 4 个环节，分别考验参赛选手的岗位技能、安全实操业务、处理突发事件能力、服务水平等综合业务能力。经过预赛、初赛、复赛等层层选拔，最终 7 位精英选手晋级西安赛点复赛。

本次比赛以赛代训，完成了对全体乘务员的技能再培训、再强化，进一步提升了南航西安分公司的客舱服务水平。

任务 2.1 民航客舱服务基础知识

2.1.1 特殊旅客

特殊旅客是指在接受旅客运输和旅客在运输过程中，承运人需要给予特别礼遇，或出于旅客的健康及其他特别状况需给予特殊照顾、特别关注的旅客，或需符合承运人规定的运输条件方可乘运的旅客，不同于一般旅客群体。

就客舱服务的范围而言，特殊旅客包括重要旅客、老年旅客、儿童旅客、带婴儿的旅

客、孕妇旅客、初次乘机旅客、病残旅客、遣返及在押旅客等。对于特殊旅客的服务，需要乘务员掌握不同旅客的心理状态，根据每个人的特点进行服务，需要乘务员有敏锐的观察力、应变能力，通过细致耐心的服务来满足各种旅客的需要，尤其是对待老、弱、病、残、孕等旅客。

1. 重要旅客

重要旅客是指具有一定的身份、职务或社会知名度的旅客，航空公司对其从购票到乘坐班机的整个过程都将给予特别礼遇和关照。

1）重要旅客的范围

重要旅客主要包括：我国党和国家领导人；外国国家元首和政府首脑，外国国家议会议长和副议长；联合国正、副秘书长；我国最高人民检察院副检察长，最高人民法院副院长，政府、党中央副部长以上和相当于这一级的国家机关负责人；我国省、自治区、直辖市人大常委会副主任、副省长，自治区人民政府副主席，直辖市副市长，省委副书记以上和相当于这一级的党、政府领导人；军队在职正军职少将以上的军事系统领导人；外国政府副部级以上和相当于这一级的外国政府领导人；我国全国总工会、共青团中央、全国妇联负责人；我国和外国大使以及由我驻外使、领馆提出要求按重要旅客接待的客人；全国各民主党派主要负责人；来华访问的外国党的负责人；国内著名科学家、社会活动家、作家等；国际组织负责人、国际知名人士、著名议员、著名文学家、著名科学家等。

2）心理特点

一般而言，重要旅客有着一定的身份和地位，需要针对他们的心理需求提供相应的服务。他们比较典型的心理特点是自尊心、自我意识强烈，希望得到一种应有的尊重。与普通旅客相比，他们更注重环境的舒适和接受服务时心理上的感觉。

3）服务要点

乘务员在为重要旅客服务时，要注意态度热情、言语得体、落落大方，服务过程提倡无干扰服务；应尊重重要旅客本人的意愿，不宜在其他旅客面前泄露其身份；交谈时，避免涉及商业机密或政治方面的问题；在为其热情服务的同时，还需顾及周边旅客。

2. 老年旅客

老年旅客是指年迈体弱，虽然身体并未患病，但是在航空旅行中显然需要他人帮助的旅客。年龄超过 70 岁，身体虚弱，需要由轮椅代步的老年旅客，应视同病残旅客给予适当的照料。

1）心理特点

人到老年，体力、精力开始衰退，生理的变化也带来了心理上的变化。

老年旅客在乘机过程中，心理变化有以下特点：他们思维迟缓、记忆力减退，对事物反应缓慢，应变能力较差。思维能力的衰弱，使他们常常说话不连贯甚至语无伦次。但老年人情绪一般比较稳定，不易过分欢喜和忧愁，在性格上有的深沉孤僻，有的开朗健谈。

体弱的老年旅客既有较强的自尊心，又有很深的自卑感，由于自己身体的原因，常常自感不如他人，同时在外表上又表现得不愿求别人帮助自己，每件事情都要尽自己最大的努力去完成。

在外国旅客中，老年人自主意识很强，自己提拿行李，不愿意别人给予过多的帮助。

在乘机过程中，老年旅客最关心的问题就是飞机的安全，而他们最困扰的就是飞机起降时带来的不适应感。服务人员应提前向他们介绍飞机旅行常识，提前告诉他们注意事项，并尽可能地守护在他们身边，以消除他们的不安情绪。

有时候，尽管老人嘴上不说，但他们内心还是需要别人的关心和帮助的。乘务员应洞悉并及时满足他们的心理需要，尽量消除他们的孤独感。

2）服务要点

乘务员为老年旅客提供服务时，要更加细致，与老年旅客沟通时注意声音要略大，语速要稍慢，要经常主动询问其有何需要，语言要柔和简练。由于老年人听力下降，对于机上广播不一定能听清楚，所以要主动告诉飞行距离、时间，介绍客舱服务设备，特别是呼唤铃、清洁袋、厕所的位置和使用方法，以减少老年旅客精神的紧张，使其感受到被乘务员关注。

3. 儿童旅客（无成人陪伴儿童）

儿童的年龄范围是 2～12 周岁。航空运输可接受的无成人陪伴儿童是指年龄在 5～12 周岁的无亲属陪同、单独乘机的儿童。

1）心理特点

儿童旅客的基本心理特点是性格活泼、天真幼稚、好奇心强、善于模仿、判断能力较差、做事不计后果，有些经常独自旅行的无成人陪伴小旅客还会呈现出少年老成的心理特点。由于其年龄跨度较大，不同年龄阶段儿童生理及心理有明显差异，乘务员要根据其不同特点提供服务。

2）服务要点

乘务员在为小旅客提供服务时，要注意防止机上不安全因素的出现，适时提醒与儿童同行的监护人。照顾小旅客时，要注意尽量不要抱小孩，抱小孩时一定要经过大人同意，尽力协助照顾；供应饮料和餐食时，要征求陪伴者的意见。对于无成人陪伴儿童，飞行中需要有专人照顾其旅途生活，在饮食上尽量照顾儿童旅客的生活习惯和心理要求，经常观察儿童旅客是否有不适应或不舒服的感觉，以防出现意外。对于好奇、活泼、淘气的儿童旅客，不要训斥，应事先告诉他一些规定和要求。

4. 带婴儿的旅客

婴儿旅客通常指出生后 14 天～2 周岁由成人怀抱的婴儿。

1）心理特点

带婴儿的旅客最关心的是小孩子的饮食、健康状况，他们往往会把自己的需求置于小孩子的需求之后，对乘务员服务的要求也是尽量先满足婴儿的需要。绝大多数家长对小孩子得到称赞与关注感到高兴，也比较愿意别人亲近自己的小孩子。但是也有部分外国旅客不是很愿意别人过分接近自己的小孩儿，如逗小孩儿、拍照片等。

在飞机上，有时还会遇到带婴儿的旅客缺乏照看婴儿的经验，这时他们更需要乘务员提供相应的帮助。

2）服务要点

乘务员在为带婴儿的旅客提供服务时，需要主动询问是否需要协助，然后根据实际情况提供尽可能的帮助。

5. 孕妇旅客

孕妇多指孕期在 32 周以下的旅客。航空公司通常对孕妇乘机制定了一些运输规定，只有符合运输规定的孕妇，承运人方可接受其乘机。例如：怀孕不足 8 个月的健康孕妇，可按一般旅客运输；怀孕不足 8 个月的孕妇，医生诊断不适宜乘机者，一般不予接受；怀孕超过 8 个月不足 9 个月的健康孕妇，如有特殊情况需要乘机，应在乘机前 72 h 内交验由医生签字、医疗单位盖章的"诊断证明书"，一式二份，内容包括旅客姓名、年龄、怀孕时期、预产期、航程和日期、适宜于乘机以及在机上需要提供特殊照料的事项，经承运人同意后方可购票乘机；怀孕超过 9 个月的孕妇不接受运输。

1）心理特点

孕妇旅客，特别是体征已经比较明显的孕妇旅客，在平时的生活中受到家人、朋友以及旁人比较多的照顾，因此，会把得到他人的照顾与关注看成比较自然的事情。

2）服务要点

乘务员在为孕妇旅客提供服务时，需要顺应其心理需求，主动及时地提供帮助。在飞行途中，乘务员应不时地主动关心询问，尽量提供方便。当其在机上发生意外分娩时，应按"机上急救"相关流程处置，尽快安排隔离，关闭通风器，找医生协助处理。

6. 初次乘机旅客

1）心理特点

初次乘机旅客的心理，一般来讲主要是好奇，因为民航运输毕竟不同于汽车、火车、轮船等其他交通工具的运输，人们不是常见、常乘，因此，初次乘机旅客对于机上的设施、设备、环境等都十分感兴趣，并带有一种想一探究竟的好奇心。除此之外，初次乘机旅客的心理也比较紧张。作为初次乘机的旅客，一旦知道自己因缺乏乘机知识而造成过失，心中会十分内疚和尴尬。

2）服务要点

为满足初次乘机旅客的好奇心理，乘务员应主动为他们介绍本次航班的相关情况，如飞机机型、飞行高度、途经城市、主要地标等，还要向其介绍机上的设施、设备、盥洗室的位置等，对于他们缺乏乘机知识的情形切不可指责和嘲笑。

7. 病残旅客

由于身体或精神上的缺陷或病态，在航空旅行中，不能自行照料自己的旅途生活，需由他人帮助照料的旅客以及在乘机过程中突然发病的旅客，称为病残旅客。病残旅客包括轮椅旅客、担架旅客、肢体残疾旅客、病患旅客、盲人旅客、聋哑旅客及晕机旅客。

1）心理特点

病残旅客比正常人自理能力差，有特殊困难，迫切需要乘务员的帮助，但是他们自尊心都极强，一般不会主动要求乘务员帮忙，只是要显示他们与正常人无多大区别，不愿意别人将他们视为残疾人，对此，乘务员要了解这些旅客的心理，特别注意尊重他们，最好悄悄地帮助他们，让他们感到温暖。

2）服务要点

（1）轮椅旅客是指在航空旅行过程中，由于身体的缺陷或病患，不能独立行走或步行有困难，依靠轮椅代步的旅客。

需要轮椅的病人或伤残旅客根据不同的情况分为三种，并用下列代号表示：WCHR 表示全自理能力（指能自行上下飞机客梯并走到客舱座位处）；WCHS 表示半自理能力（指不能自行上下客梯，但能走到客舱座位处）；WCHC 表示无自理能力（指完全不能行走，需要他人抬着护送到客舱座位上）。

为减少轮椅旅客在机上的等待时间，航空公司一般先使用公司备用的轮椅，然后再取旅客自带轮椅；地面轮椅有时会出现晚到的情况，在轮椅旅客未离机之前，乘务员不可先离机。

（2）担架旅客是指在旅行中不能自主行动或病情严重不能使用飞机上的座椅，只能躺卧在担架上的旅客。

对担架随机的旅客，航空公司相关工作人员要事先在不阻塞通道的区域拆去相应的座椅，将担架固定在地板平面或更高的位置。被担架运送的旅客及其护送人员应签订保证书，保证书的内容包括：如出现紧急情况，机组人员和公司对可能在撤离中担架旅客不能先于其他旅客，而且一定要最后撤离等情况所引起的后果均不负责。

（3）肢体残疾旅客是指上肢残疾、下肢残疾或上下肢均有残疾者，残疾状态分为先天残疾和后天残疾。

对下肢不便的旅客，主动搀扶旅客上下飞机或安放行李，拐杖由乘务员或个人保管，旅客需要去盥洗室，主动搀扶护送；对上肢不便的旅客，主动帮助旅客安放行李、系好安全带、脱穿衣物、切割食品、垫好小枕头。

（4）病患旅客是指身体虚弱的疾病患者。病患旅客通常会由于自己病情影响到其他人而感到不好意思，同时，有一些由于晕机而呕吐的旅客，身体不适又不知如何处理。乘机中突然发病的旅客患两种病的为数最多：一种是高血压，患者在乘机中好激动，在心理上对周围环境的迅速变化适应较差，乘机中容易突然发作；另一种是心脏病，患心脏病的人在乘机中容易出现心悸、疲乏、眩晕、昏厥等现象。他们的焦虑、忧郁情绪也比正常人明显，对于飞机颠簸、机械故障、临时下降、复飞等现象，也不适应，甚至由于生气、愤怒、强烈的惊惧以及其他情绪上的波动导致疾病发生，他们更需要乘务员提供帮助。

乘务员在为病患旅客服务时，一定要照顾他们的心理需求，以非常平和、关心的语气和态度为他们提供服务，尽量安慰他们，帮助其放松心情。

（5）盲人旅客是指双目失明，单独旅行，需要承运人提供特殊服务的旅客。盲人旅客在航空旅行的整个过程中有成人陪伴同行时，该盲人旅客可按照一般普通旅客接受运输。单独旅行，需要承运人提供特殊服务的盲人旅客，必须在定座时提出申请，经承运人同意后，方可购票乘机。单独旅行的盲人旅客在上下机地点应有人照料迎送。盲人旅客如携带导盲犬，应符合承运人的规定，并具备必要的检疫证明。

对盲人旅客要主动做自我介绍，热情帮助盲人旅客上下飞机，飞行中要有专人负责，经常询问盲人旅客的要求，多和他交谈，以免盲人旅客寂寞。

（6）聋哑旅客（听觉障碍人士）往往情绪变化较大，乘务员在服务时要始终保持耐心、细致，避免引起其情绪波动。

（7）晕机旅客通常会因由于自己晕机而影响到其他人而感到不好意思，同时身体的不适又会让他们的情绪比较低落。特别是一些晕机呕吐的旅客，他们更需要乘务员提供帮助。乘务员在为晕机旅客提供服务时，一定要照顾他们的心理需求，以平和、关心的语气和态度为他们提供服务，尽量安慰他们，帮助其放松心情。

8. 遣返及在押旅客

遣返旅客是指因不能提供入境国所需有效的相关证件、证明或被入境国拒绝入境及所在国责令随即返回出发地的旅客；在押旅客是指被公安部门依法做出拘留、逮捕和收押决定的犯罪嫌疑人，被押解送往异地的过程中乘坐交通工具的特殊身份人员。

1）心理特点

目前，遣返人员多由目的国政府的相关机构，如移民局等将遣返人员交由航空公司，由其负责遣返的具体操作。如果遣返人员此前曾有过违法犯罪行为，飞机上还会配备安全员，全程监视遣返人员的言行，以确保无虞。航空公司有义务将遣返人员乘坐的航班班次及抵达时间，提前通知我国的边检部门。飞机落地后，航空公司的工作人员即将遣返人员交予边检口岸的遣返所民警。

在押人员在被羁押的不同时期具有不同的心理特点，其心理特点多表现为紧张、恐惧、压抑、孤独以及侥幸、敌对等，表现为情绪冲动，行为上有的甚至故意破坏、寻衅滋事等，也有的沉默沮丧、焦躁不安。为了保证对在押人员的运输不影响航班正常飞行的安全，需随时掌握在押人员的心理变化，预测他们的行为。

2）服务要点

对于遣返及在押旅客的服务要点是不要声张，不得将其身份暴露给其他旅客。飞行中加强与安全员、押解人员的沟通协作，密切关注遣返及在押旅客的动态，在运输过程中，应与有关公安部门配合。

2.1.2 航班飞行资料

HU7141/2 次航班的飞行资料如表 2-1 所示。

表 2-1　HU7141/2 次航班的飞行资料

航班号	HU7141/2	起飞时间	20:55/23:25
飞行距离	1 680 km	飞行时间	2 h 20 min/2 h 30 min
飞经省份	河北、山西、陕西、四川	飞经地标	汾河、渭河、嘉陵江、太行山、秦岭
餐食配备	正餐、点心	机场概况	北京首都国际机场、成都双流国际机场
供餐时间	07:55—10:30 早餐；11:30—14:00 正餐（早班）；17:05—19:35 正餐；20:30—23:15 点心（晚班）		

2.1.3　客舱设备介绍

以下为 B737-800 客舱设备的简要介绍。

1. 乘务员控制面板

1）前舱乘务员控制面板

前舱乘务员控制面板在 L1 门乘务员座椅处，如图 2-1 所示。

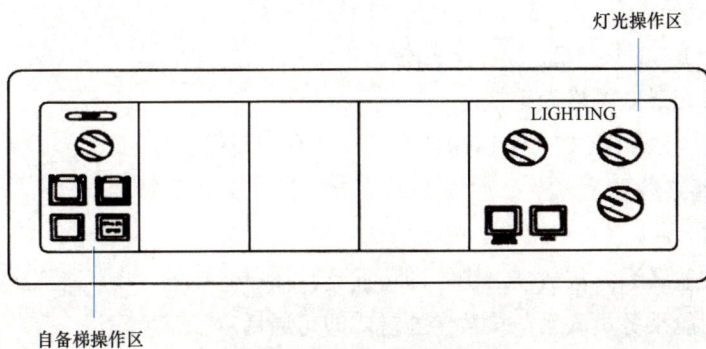

图 2-1　前舱乘务员控制面板

控制面板上的常用开关包括以下几种。

（1）进口灯（ENTRY LIGHT）开关，有三个挡位可供调节，分别为 BRIGHT、DIM、OFF。

（2）工作灯（WORK LIGHT）开关。

（3）窗灯（WINDOWS LIGHT）开关。

此外，前舱乘务员控制面板上还有自备梯操作开关和地面电源开关。地面电源开关由地面机务人员使用，乘务员需确认其在 OFF 位。

2）后舱乘务员控制面板

后舱乘务员控制面板在 L2 门乘务员座椅处，如图 2-2 所示。

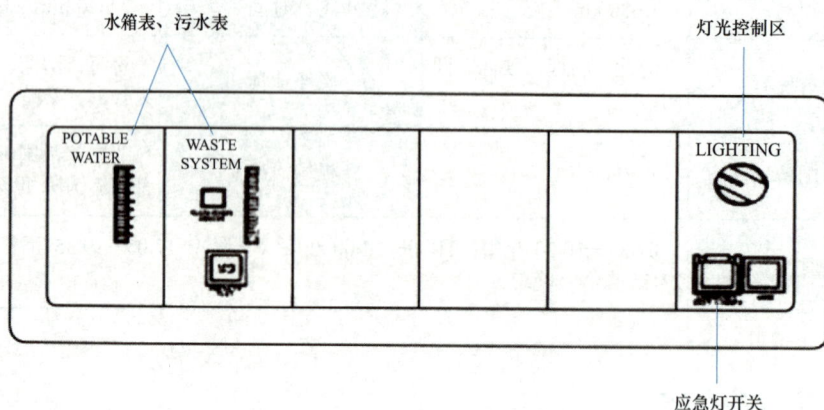

图 2-2　后舱乘务员控制面板

控制面板上的常用开关包括以下几种。

（1）进口灯（ENTRY LIGHT）开关，有三个挡位可供调节，分别为 BRIGHT、DIM、OFF。

（2）工作灯（WORK LIGHT）开关，有三个挡位可供调节，分别为 BRIGHT、DIM、OFF。

（3）水表有 E、1/4、1/2、3/4、F 挡位。

（4）污水表在最低两格为正常。

（5）应急灯（EMERGENCY LIGHT）开关（有护盖保护）。

2. 内话广播系统

1）系统使用方法

（1）与驾驶舱联系：按数字 2 键，即可通话。

（2）前、后舱乘务员联系：按数字 5 键，即可通话。

（3）对客舱广播：按数字 8 键，压下 Iyrr 键即可广播（Iyrr 键：PUSH TO TALK）。

（4）注意：

① 每次通话或广播完毕，都必须按 RESET 键复位；

② 内话机处于正常状态时，驾驶舱可随时听到通话声音；

③ 机组、乘务员、音乐三者的优先权顺序为机组广播优先于乘务员广播，乘务员广播优先于音乐广播；

④ 广播时，嘴与广播器的距离要适中。广播中，在需要停顿时，必须松开送话键。图 2-3 所示为广播器。

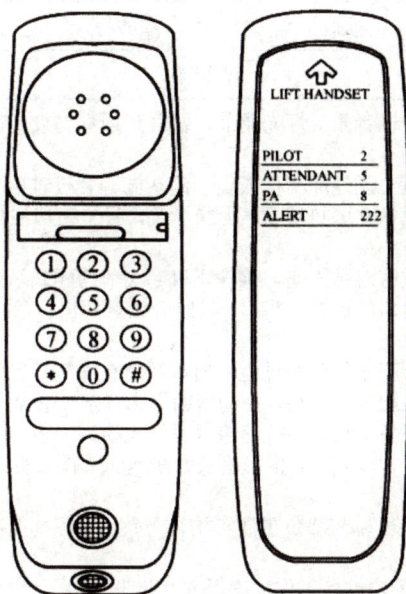

图 2-3 广播器

2）呼叫显示

（1）呼叫显示灯的位置是在前、后入口走廊顶棚上方的紧急出口指示灯上。

（2）各呼叫显示灯的颜色、铃声、解除方法如下：

① 机组呼叫乘务员时，粉色灯亮，双音铃声，按控制板上的重接（RESET）按钮即可解除；

② 乘务员之间呼叫时，粉色灯亮，双音铃声，按控制板上的重接（RESET）按钮即可解除；

③ 乘务员呼叫机组时，客舱内的显示灯不亮，驾驶舱内蓝色灯闪亮并有单音铃声；

④ 旅客呼叫乘务员时，蓝色灯亮，但高音铃声，按一下该呼叫旅客座椅上方亮起的呼唤铃按钮即可解除；

⑤ 盥洗室呼叫乘务员时，琥珀色灯亮，单高音铃声，按一下盥洗室门外的琥珀色显示灯即可解除。

2.1.4 标准服务程序

以海南航空公司 B737 型飞机国内普通舱服务程序及标准为例进行介绍，如表 2-2 所示。

表 2–2　海南航空公司 B737 型飞机国内普通舱服务程序及标准

服务程序	服务标准
	起飞前
迎客	（1）播放登机音乐，灯光调节，窗灯和顶灯均设定在 BRIGHT 位，灯光调节要及时、准确。 （2）确认机上无地面工作人员，确认旅客登机时乘务员的站位。 （3）乘务员站立姿势端正，面带微笑，目光亲切注视旅客，鞠躬30°，主动与旅客问候。 （4）保证旅客对号入座，确保飞机起飞前的配载平衡。 （5）紧急出口的旅客登机后，及时介绍紧急出口，并监控紧急出口处不能就座特殊旅客。 （6）手提行李不得放在过道、出口及没有固定装置的隔间。 （7）头等舱旅客上机后，主动帮助提拿行李，引导入座，应根据地面提供的旅客名单使用姓氏服务，帮助头等舱旅客保管衣物。 （8）如手提行李超大，报告机长通知地面工作人员办理托运手续，并提醒取出贵重物品。 （9）由乘务长和 SS2 负责清点旅客人数，乘务员点客时应目光亲切，表情自然，向旅客点头示意。 （10）做好各项准备工作，确保准时起飞
关机门前	（1）待旅客登机完毕后，进行欢迎词及防止登错机的广播。 （2）乘务长关机门前确认：机组人员到齐；机供品、餐食到齐；地面服务员通知旅客已全部登机；各种随机文件已齐备，如舱单、业务袋（货单）。 （3）地面清点人数、机上旅客人数、舱单人数核对一致后，请示机长关门
关机门后	1. 乘务长 关闭舱门之后下达操作滑梯预位口令，所有乘务员需回服务间操作滑梯。 2. 负责机门乘务员 正确操作滑梯预位，同时乘务员进行滑梯操作并交叉检查。操作滑梯要做到"三到"：口到、手到、眼到
安全演示	演示乘务员的站位要及时，动作要准确、整齐
安全检查	1. 客舱安全检查 （1）安全检查在播放安全须知录像开始时，或者人工安全演示结束之后立即进行；如地面等待，在飞机滑行时需再次确认。 （2）乘务员保持大方、优雅的举止，切不可以命令式的口吻对待旅客。 （3）检查从上至下，依次检查行李架、座椅、靠背、遮光板、小桌板、安全带、客舱通道，不漏检。 （4）要求每位旅客系好安全带，小桌板、脚蹬全部收起、扣好，调直座椅靠背，扣好空座位的安全带。 （5）确认同一排座位上不可有 2 名特殊旅客，一排座位上的旅客人数不可超过旅客头顶上方的氧气面罩数量。 （6）固定好松散物品；过道、紧急出口处禁止堆放行李物品；行李架门全部关好锁紧。 （7）拉开并扣好门帘，确认视频系统已关闭。 （8）确认厕所内无人；马桶盖板盖好；无洗手液架的飞机将洗手液从台上取下；关闭和锁定盥洗室门（起飞后及时打开）。 （9）安检时，乘务员需提醒保管好手机、眼镜等小件物品，以防止滑落。 （10）安全检查程序必须独立完成，不得与其他工作混合。 （11）乘务员检查完毕后，乘务长再复检确认，由乘务长向机长报告：客舱准备完毕。

服务程序	服务标准
安全检查	2. 厨房安全检查 （1）关闭所有的厨房电源；固定好厨房松散物品。 （2）踩好餐车刹车，锁好厨房内所有的箱、车、柜门及锁扣，拉开并扣好厨房内的门帘。 （3）调暗客舱、厨房灯光。 　3. 自我检查 　客舱安全检查完毕，乘务员坐在规定的座位上，系好安全带（包括肩带），两手放在座位两侧，或两手相握放在腿上，两腿并拢平放
确认广播	广播提示旅客系好安全带
起飞后	
航线介绍	（1）起飞后，进行航线、地标等介绍；广播应流畅、速度适中、语言清晰、语调优美。 （2）需要根据起飞时间推算落地时间，并进行预报
行礼	（1）安全带信号灯熄灭之后，打开锁闭的盥洗室（无洗手液支架的，需在洗手液下垫放湿毛巾防止滑落）。 （2）乘务组到前舱行礼： ① 乘务长预先安排乘务员站位，确认乘务员到位后进行广播； ② 站姿端正，面带微笑，目视前方； ③ 鞠躬角度为 30°（致歉时，鞠躬角度为 45°）
餐饮服务	1. 餐饮服务 （1）提供点心、热便餐、小吃的航班，餐巾纸、点心、热便餐、小吃和饮料同时发放。 （2）普通正餐： ① 原则上要求热食放于餐车内，餐食和饮料同时发放。如热食需摆放在餐车上，餐车上最多只能摆放两层热食，其余可置于餐车内。 ② 如在满客情况下，可用两辆餐车发餐（一辆从普通舱第一排往后，一辆从紧急出口往后），前舱准备好饮料车，紧跟前舱餐车提供饮料，后舱餐车发完餐食之后迅速摆好饮料由后至前提供。在回服务间的过程中，如有旅客递回杂物应及时收回。 ③ 如需要在飞机平稳之后再加热餐食，可采用先发饮料、后发餐食、最后收杂物的方式（时间允许可添加餐后饮）。 2. 特殊餐食服务 （1）旅客预订的特殊餐食应先提供，避免用客舱广播系统直接进行广播。 （2）做好与航机人员的交接与验收。 （3）检查特殊餐食的种类和数量。 （4）确认具体座位号，做好交接工作。 （5）根据宗教习惯和健康要求，按不同特殊餐食的服务方式正确提供
回收杂物	（1）提供饮料服务、普通点心餐和正餐的航班，用餐车回收杂物，垃圾袋置于餐车内。 （2）提供托盘餐的航班，餐车内不可内放垃圾袋，将托盘插于餐车内，餐车上放置一个塑料抽屉回收杂物，抽屉内需套上专用杂物袋。 （3）回收动作及时迅速，忌急躁，防止回收物泼洒溅漏。 （4）回收杂物时，禁止不礼貌用语
落地前 20 min	回收毛毯、枕头、娱乐用具、杂物等

续表

服务程序	服务标准
落地前 20 min 广播	（1）落地前 20 min，向旅客还礼致意并进行下降广播。 （2）乘务员还礼，在鞠躬后立即进行下降安全检查。 （3）乘务员将旅客交由保管的衣物等用品正确无误地归还给旅客，严禁错拿错还。 （4）客舱乘务员检查完毕后，乘务长再复检确认
确认安全带广播	（1）飞机起落架放下后，关闭客舱音乐，停止播放一切录像节目，并收起录像屏幕。 （2）进行安全带确认的广播
落地后	
落地后广播	（1）飞机落地后，乘务员进行广播。 （2）播放落地音乐。 （3）在飞机完全停稳前，观察客舱情况，通过广播器阻止站立或离开座位的旅客
滑梯操作与确认	（1）飞机停稳、安全带信号灯熄灭后，乘务长通过广播器下达口令，同时乘务员操作滑梯并交叉检查，向乘务长报告。 （2）乘务长口令：各号位乘务员滑梯预位解除，做交叉检查。乘务员回答：解除完毕
开舱门	（1）乘务长确认预位已解除，确认登机桥已停稳，地面提示敲门后，打开机门（根据各机场的要求）。 （2）与地面人员交接特殊旅客。 （3）打开舱门后安排旅客下机，并做好舱单、业务袋的交接工作
送客	安排重要旅客、头等舱旅客先下飞机，做好 VIP 旅客交接工作，VIP 旅客下机时，乘务长需亲自与地面交接
客舱清理	（1）分工明确，每个号位的乘务员负责自己所在区域的客舱清理工作。 （2）检查客舱、盥洗室和行李架，要仔细、认真，如发现旅客遗失物品或不明物品应及时报告，并对客舱中剩余的毛毯、杂志等物品进行回收，同时关闭阅读灯。 （3）过夜的航班，航后回收时必须将杂志放置在前舱餐车内

任务 2.2　民航客舱乘务员迎送旅客服务作业

　　迎送是社交礼节的基本形式之一。在航班中，迎送服务既表达着乘务员对旅客的欢迎、感谢、尊重之情，也是体现乘务员礼仪素养的重要环节。正确认识迎送服务的重要性，充分把握迎送服务的契机，使旅客在第一时间对乘务员留下美好的印象，为后续客舱服务奠定良好的基础。

2.2.1　迎接旅客

1. 首轮效应

　　首轮效应也称首因效应、第一印象效应。其核心是：人们在日常生活中初次接触某人、物、事所产生的即刻印象，通常会在对该人、物、事的认知方面发挥明显的，甚至是举足轻重的作用。对于人际交往而言，这种认知往往直接影响着交往双方的关系。首轮效应对个人形象、企业形象的形成起着先入为主的作用，其在服务业的应用尤为重要。

首轮效应是由第一印象、心理定势、制约因素三个主要部分组成的。当人们在第一次接触陌生人的时候，决定其能否接受对方的最大因素就是"第一印象"。根据心理学有关方面的研究发现：第一印象在见面 7 s 的瞬间就已决定。先出现的信息对总体印象形成具有较大的决定力。第一印象一旦形成，就会在人的头脑中占据主导地位，而且不会轻易改变。人们相互之间的第一印象主要来自三个方面，其构成如图 2-4 所示。

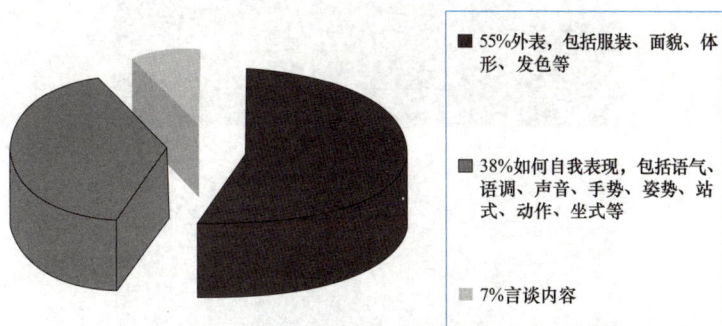

- 55%外表，包括服装、面貌、体形、发色等
- 38%如何自我表现，包括语气、语调、声音、手势、姿势、站式、动作、坐式等
- 7%言谈内容

图 2-4　第一印象的构成

从图 2-4 可以发现，在第一印象形成过程中，非语言因素的影响高达 93%，而言谈内容本身仅占 7%。乘务员首次为旅客服务的接触点是迎客阶段，此时应充分利用首轮效应，把握好 7 s 的机会，充分展示完美的职业形象，赢得旅客的好感。

2. 迎客前准备

1）检查形象

迎客前，乘务员应根据仪容仪表、服饰着装等要求，进行自查或互查。如发现脱妆应及时补妆，以保持整体精神面貌与形象的端庄、典雅。检查形象如图 2-5 所示。

图 2-5　检查形象

2）检查客舱

旅客登机前，乘务员应按照安全运行和客舱清洁的要求，确认客舱内没有与飞行无关的人员和物品，确保客舱环境干净、整洁。检查客舱如图 2-6 所示。

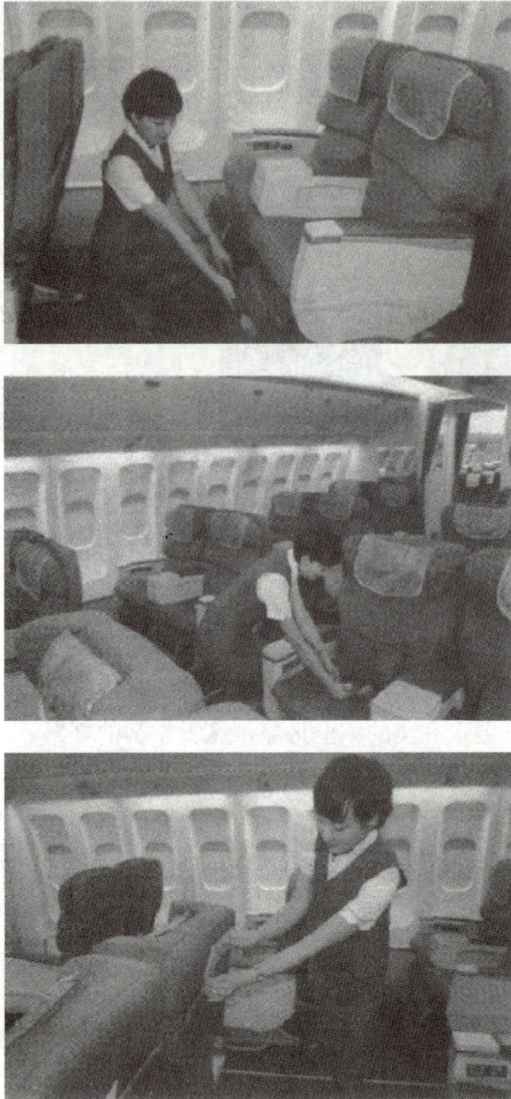

图 2-6　检查客舱

3）播放音乐

一般来说，登机时间会持续 30～45 min。在这段时间里，播放轻松、欢快的音乐能调节沉闷、枯燥的气氛，同时表达全体机组人员对旅客到来的欢迎之情。

（1）乘务员通过机载设备，以视频或音频形式播放指定的登机音乐。检查视频如图 2-7 所示，检查音频如图 2-8 所示。

图 2-7　检查视频

图 2-8　检查音频

（2）播放时音量适中，以不影响旅客交谈为宜。

（3）旅客登机完毕后关闭音乐。

4）营造环境

（1）客舱灯光一般调节至明亮状态。客舱灯光调节如图 2-9 所示。

图 2-9　客舱灯光调节

（2）客舱温度一般保持在 22～24 ℃，以旅客体感舒适为宜。

5）迎候旅客

乘务员应在指定区域内，站姿端正，面带微笑，等候旅客登机。迎候旅客如图 2-10 所示。

图 2-10　迎候旅客

需要注意的是：迎客时，身体不得倚靠在舱门、舱位隔板或座椅靠背上，避免给人带来工作随意、精神状态不佳的感觉。不正确的站姿如图 2-11 所示。

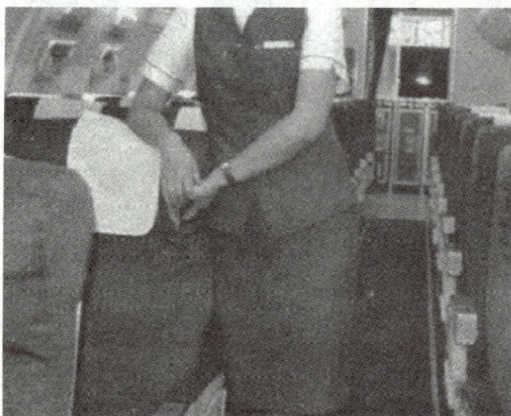

图 2-11　不正确的站姿

6）两舱服务

两舱服务对象是购买头等舱和公务舱的旅客。在两舱旅客登机前，乘务员需要做好以下准备工作。

（1）准备饮品。根据航线准备迎宾酒和饮料，使用专用玻璃杯，确保杯内外清洁、完好无损。

需要注意的是：倒杯标准为软饮料倒至七成满，气泡酒倒至四五成满。

（2）准备毛巾。

① 预先湿润毛巾（根据不同季节控制水温），以挤压不出水为宜。

② 毛巾应放于专用毛巾篮内（预备的毛巾数须多于实际需求数）。

③ 摆放时要求整齐、美观，确保毛巾不因过分挤压而变形。

④ 不同规格或种类的毛巾不能混放于同一毛巾篮内。

⑤ 毛巾不可放入烤箱内加热或保温。

（3）整理衣帽间。

① 保持衣帽间清洁、无杂物。

② 准备好挂衣架和标识牌。

（4）了解信息。乘务员应根据地面服务人员提供的两舱旅客名单，事先了解并记住旅客姓名、职务、座位号等信息，以便首次问候旅客时可以提供"姓氏服务"或"职务称呼"，并准确引导旅客入座，凸显服务的亲切与个性化，表达对旅客的尊敬之意。

3. 服务要点

1）主动问候

基本要求如下。

（1）面带微笑，热情主动地问候每一位踏进客舱的旅客。

（2）应与旅客有视线交流，并主动引导旅客尽快入座。

（3）问候时应注意与旅客保持适当距离。

2）礼貌用语

（1）基本作用。礼貌用语在迎客服务中既是尊重他人的具体表现，也是与他人建立友好关系的敲门砖。

（2）使用要求。原则上使用普通话和英语向旅客问候。如果能确认旅客的国籍，使用其母语问候，对旅客而言会感到分外欣喜。问候时，注意语气亲切自然，语调略微上扬。

3）迎客礼

迎客礼是鞠躬礼的一种形式，表达对旅客的尊敬和诚意。直挺挺地站立与稍弯腰的服务姿态比较而言，容易令人产生距离感，不愿与之接近。

动作要领：取基本站姿，上身前倾15°～30°，要做到"微笑到、视线到、语言到、动作到"。迎客礼如图2-12所示。

图2-12 迎客礼

4）引导入座

面带微笑，上前询问并查看旅客登机牌上的座位号，主动引导入座或告知旅客其座位在客舱内的大致方位。

动作要领：五指并拢，小臂带动大臂，手心微斜，指示座位的方向。根据指示距离远近调整手臂弯曲程度，身体随着手的方向自然转动，目光与所指方向保持一致。引导入座如图2-13所示。

图2-13　引导入座

5）过道疏通

为了尽可能缩短旅客登机所耗费的时间，迎客时每一位乘务员都应主动承担起"疏导"职责，做到眼明手快、灵活应对。

（1）积极寻找。时刻关注过道处的旅客，在第一时间找到堵塞点。

（2）判断原因。旅客大多因放置行李或寻找座位而占据通道，只有找到堵塞的原因，才能采取相应的疏通措施。

（3）帮助解决。针对原因，灵活应对。例如，如果因个别旅客放置行李而堵塞过道，乘务员应帮助寻找合适的行李摆放位置，并提示旅客尽快入座。如果只是一味地催促旅客，并不能真正解决问题。

（4）表示感谢。对于旅客的配合及时予以感谢。

6）行李摆放

行李指旅客在旅行中为了穿着、使用、舒适或方便的需要而携带的物品和其他个人财物。根据《公共航空运输旅客服务管理规定》的相关规定，旅客的托运行李、非托运行李不得违反国家禁止运输或者限制运输的相关规定。

（1）基本要求。

① 乘务员在引导旅客入座时，应主动协助或帮助有需要的旅客将行李摆放在行李架等储藏区域内。帮助旅客摆放行李如图2-14所示。

图 2-14　帮助旅客摆放行李

② 所有旅客的手提行李应放置在许可的储藏区域内，确保其不会对旅客通过或穿越通道产生障碍，也不会影响到应急出口的使用。

③ 手提行李不得置于影响机组人员接近应急设备或阻挡旅客看到信号标示的任何区域。

④ 存放应急设备的区域均不得放置任何物品，同时乘务员在航班运行中应加强对上述区域的监控。

⑤ 放置于旅客座位下的行李必须受行李销杆的限制，防止行李物品在紧急着陆时在产生的极限惯性作用下从侧面滑到通道上。座位下行李的放置如图 2-15 所示。

图 2-15　座位下行李的放置

⑥ 不封闭的衣帽间仅用于悬挂衣物。

（2）安全提示。

① 告知旅客避免叠放行李，如需叠放时应考虑行李的尺寸、外形、材质等因素，避免

51

向外滑出的可能。

② 提醒旅客看管好自己的行李。

（3）注意事项。

① 帮助旅客将行李安放在其视线范围以外时，必须将具体放置位置明确告诉旅客，同时要防止旅客错拿行李。

② 对于不符合尺寸、重量要求的手提行李应及时通知带班乘务长，交由地面工作人员办理托运。

③ 原则上不要为旅客保管易碎及贵重物品。

④ 为旅客保管冷藏食品，要了解冷藏的要求。冷藏食品应独立存放，如果无法满足冷藏要求，则应向旅客说明情况。为旅客保管物品要做到全程负责。

需要注意的是：药品不得冷藏在厨房区域内，可提供冰块让旅客自行保管。

⑤ 关登机门前，乘务员必须检查确认所有旅客行李已存放妥当并关好行李架。

动作要领：关闭行李架时要做到姿势优雅，必要时可踮起脚后跟以增加身体高度，保持身体的稳定，并侧身对旅客。关闭行李架如图 2-16 所示。

图 2-16 关闭行李架

7）目视评估（仅限经济舱）

在发生紧急情况时，坐在出口座位上的旅客应能协助机组成员组织撤离。为保证这些旅客能胜任其职责，负责出口座位的乘务员应对坐在此处的旅客进行目视评估。

目视评估的基本要求如下。

（1）正确判断。确认该旅客是否符合出口座位旅客的条件。

（2）逐一介绍。使用规范用语向出口座位旅客逐一介绍出口座位的注意事项和紧急情况下的应急操作方法等，并确认该旅客已明确上述全部内容。图 2-17 所示为乘务员向出口座位旅客介绍注意事项。

图 2-17　乘务员向出口座位旅客介绍注意事项

（3）核实确认。确认出口座位旅客是否愿意履行相应的责任和义务。如旅客不愿履行，必须将该旅客重新安排至其他非出口座位，并不得要求其说明理由。

（4）及时汇报。在登机门关闭前，及时将出口座位旅客确认情况汇报给乘务长。

8）核对人数

（1）乘务员使用计数器进行点数（有些航空公司利用离港系统计算人数）。图 2-18 所示为计数器。

图 2-18　计数器

（2）乘务长必须确认旅客人数与载重平衡表保持一致。

（3）如果出现不符应立即重新核对旅客人数，避免因此延误航班。

需要注意的是：核对人数时应要求旅客在座位上坐好，不要随意走动；带小孩的旅客将小孩抱好；确认盥洗室内无人。

9）两舱服务

（1）引导入座。

① 两舱旅客登机时，乘务员应主动上前迎候。迎候时，根据旅客名单或登机牌旅客姓名显示，使用"姓氏服务"或"职务称呼"。

② 主动帮助提拿行李，准确引导入座。图 2-19 所示为引导入座。

图 2-19 引导入座

③ 主动协助旅客摆放行李。

④ 乘务员主动向旅客作简短的自我介绍。

（2）存放衣物。图 2-20 所示为存放衣物。

图 2-20 存放衣物

① 旅客请乘务员帮忙存放衣物时，乘务员应检查确认衣物是否有污损，提醒旅客贵重物品需自行保管。

② 使用标识牌，做好座位号的记录。

③ 航程中妥善保管衣物，避免污损。

（3）提供毛巾和迎宾饮品。

① 旅客入座后及时提供毛巾。

动作要领：四指并拢托于毛巾篮底部，拇指放于篮的两边，毛巾篮平放于小腹部位，不要紧贴身体，上臂下垂，大小臂夹紧；递送时需使用毛巾夹。图 2-21 所示为提供毛巾。

图 2-21　提供毛巾

② 提供迎宾饮品时，摆上杯垫，将饮料杯置于杯垫上。

动作要领：四指并拢托于盘底，拇指放于托盘两边，托盘平放于小腹部位，不要紧贴身体，上臂下垂，大小臂夹紧；递送时应拿杯身的下 1/3 处或杯颈处，不可拿杯口。图 2-22 所示为提供饮品。

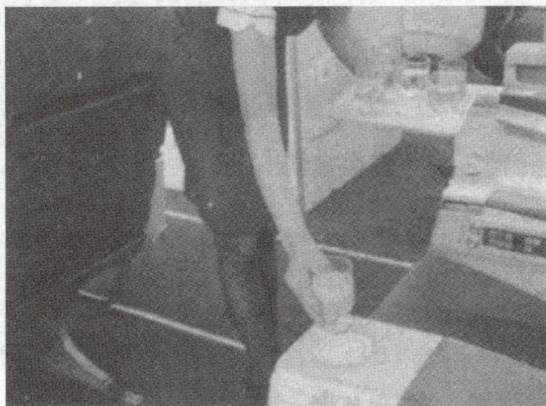

图 2-22　提供饮品

③ 征得旅客同意后，及时收回旅客用完的毛巾和饮料杯。

动作要领：拿空托盘时，应四指并拢托于盘底，拇指放于托盘的窄边，将托盘放于身体的一侧，不要让托盘随身体晃动，也不要紧贴身体；使用毛巾夹回收毛巾。

（4）提供报纸（杂志）。

① 发放报纸（杂志）时，应主动向旅客介绍配备的品种。

动作要领：将报纸（杂志）摆成扇形放在左手臂上，右手（手心朝上）轻扶报纸（杂志）的边缘；到达旅客面前时，呈标准站姿，面带微笑；取出时，右手食指在上、拇指在下，将报纸（杂志）移出，反手，拇指在上，四指在下，正面递送给旅客。图 2-23 所示为提供报纸（杂志）。

图 2-23　提供报纸（杂志）

② 根据光线情况，为需要的旅客打开阅读灯。

动作要领：五指并拢，单手上举，手心向上，按阅读灯的按钮。图 2-24 所示为打开阅读灯。

图 2-24　打开阅读灯

③ 当旅客的需要无法满足时，应真诚地表示歉意，做好解释工作，并设法以其他方式弥补，争取得到旅客的谅解。

（5）提供拖鞋。

① 时机选择两舱旅客登机后，乘务员挑选合适的时机为其提供拖鞋服务。

② 发放方式为送至旅客手中或放于座椅前面的插袋内。图 2-25 所示为发放拖鞋。

图 2-25   发放拖鞋

③ 发放要点：主动询问旅客是否需要换上拖鞋，帮助其打开包装，将拖鞋摆放于合适位置并协助旅客将换下的鞋子妥善放于规定的存储空间。图 2-26 所示为拖鞋摆放的合适位置。

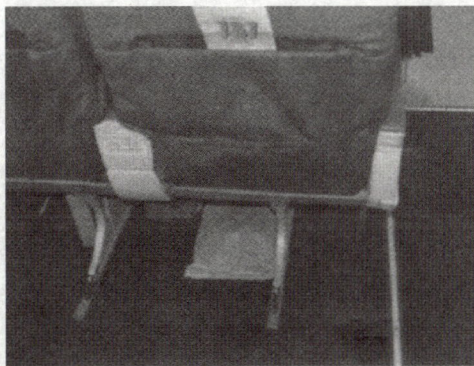

图 2-26   拖鞋摆放的合适位置

2.2.2   送别旅客

飞机到达停机位后，发动机关闭，"系好安全带"标示灯熄灭，乘务员正常打开舱门，安排旅客离机事宜。

1. 服务要点

1）归还物品

及时归还为旅客保管的行李物品，并做好必要的确认。

2）播放音乐

在旅客离机时，播放舒缓、悦耳的音乐，以表达全体机组人员对旅客的感谢之情、送别之意，并期待与旅客的再次相见。

（1）乘务员通过机载设备，以视频或音频形式播放指定的离机音乐。

（2）播放离机音乐时要求音量适中，以不影响旅客交谈为宜。

（3）旅客全部下机后关闭音乐。

3）灯光调节

客舱灯光一般调节至明亮状态。

4）相关提醒

（1）提醒旅客不要遗漏随身携带物品。

（2）如果到达站与起飞站两地温差较大，应提醒旅客适当增减衣物。

5）热情道别

（1）在指定送客区送别每一位旅客，并向旅客表示感谢。

（2）送客礼：与迎客礼的基本要求一致。

（3）两舱旅客一般优先下机，乘务员应使用"姓氏服务"或"职务称呼"方式，逐一向两舱旅客表达感谢，热情道别，并由衷地表示期待能再次为旅客服务。图 2-27 所示为热情道别。

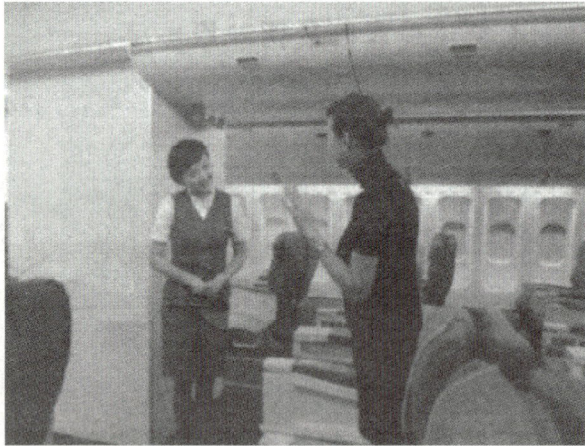

图 2-27　热情道别

6）主动帮助

（1）一般应主动询问特殊旅客是否需要帮助。

（2）协助任何需要帮助的旅客下机。

7）清舱检查

（1）两舱旅客下机后，乘务员应即时对两舱区域进行清舱检查。图 2-28 所示为清舱检查。

图 2-28 清舱检查

（2）旅客全部下机后，乘务员检查是否有旅客遗留物品并进行清舱检查，完成后及时汇报乘务长。

（3）如发现旅客遗留物品，应立即交还旅客或与地面服务人员办理交接。

2. 末轮效应

前文介绍了首轮效应，阐述了迎客服务的重要性。送客服务与迎客服务同样重要，它是乘务员与旅客之间的最后一个服务接触点，体现的则是末轮效应。

相对于首轮效应而言，末轮效应强调服务结尾的完美和完善，其核心内容是：在人际交往中，留给交往对象最后的记忆，是整体印象的重要组成部分，它甚至直接决定着企业或个人整体形象是否完美以及完美的整体形象能否得以维持。

乘务员应充分利用末轮效应，在送别旅客时以完美的形象、专业的表现，加深客舱服务留给旅客的记忆，用出色的送客服务体现优质服务的"有始有终"，为客舱服务画上圆满的句号。

任务 2.3 民航客舱餐饮服务作业

餐饮服务是客舱服务的重要组成部分，不仅影响旅客对航空公司服务的满意度，也反映了航空公司的服务能力。乘务员在做好餐饮服务"规范化"和"标准化"的同时，更要注重服务的"个性化"和"差异化"。

2.3.1 餐饮服务的意义

餐饮服务是乘务员与旅客接触时间最长的服务阶段，其重要性如下。

1. 集中体现企业的服务能力

机上餐食从食材选购到配送上机经过的环节多，周转时间相对较长，卫生质量要求严，旅客对餐食品质的期望值较高。所以,为旅客提供可口的餐食是航空企业服务能力的一个考量指标。

民以食为天。餐饮服务对旅客的旅途体验有着较大的影响力,细微处可体现客舱服务的质量与品位。近年来,为了不断提升餐饮品质,有些航空公司通过与知名餐饮企业合作,将特色餐饮与航空餐食结合,让中外旅客在空中也能享用到美味佳肴。航空公司借助与知名餐饮企业间的合作,树立了航空企业的品牌形象,有效提升了服务能力。

2. 综合反映乘务员的服务技能

餐饮服务阶段是乘务员综合运用"端、拿、倒、送"、食材烤制、沟通技巧、茶酒文化、西餐礼仪等知识和技能的过程,也是检验乘务员服务能力高低的重要环节。因此,乘务员要全面掌握和熟练运用上述知识和技能,为旅客提供高品质的餐饮服务。

1)"端、拿、倒、送"

"端、拿、倒、送"是乘务员应具备的基本服务技能。在每一次服务的过程中,精准、娴熟、规范的动作是保证服务质量的基础和前提。如果乘务员"端、拿、倒、送"动作操作不熟练,在递送热饮的过程中不慎洒在旅客身上,不但会烫伤旅客,还会给旅客带来不愉快的乘机感受。过硬的服务技能会使服务差错发生的概率大大降低;相反,则容易造成旅客不满,从而影响旅客对客舱服务的整体印象。

2)食材烤制

机上的餐食要经过二次烤制,因此,乘务员在进行餐食烘烤时,要做好充分的准备工作:了解旅客对餐食的个性化需求、针对不同的食材,把握好不同的烘烤时间和温度,才能让旅客品尝到色香味俱全的餐食。例如,在加热牛排时,要根据旅客对牛肉生熟程度的要求,准确选择烤制温度和时间,才能烤制出令旅客满意的牛排。

3)沟通技巧

餐饮服务是乘务员与旅客进行沟通的一次很好的机会,乘务员应抓住这一契机,与旅客建立良好的感情沟通。

4)茶酒文化

在飞机上饮茶已受到越来越多人的欢迎,饮茶是人们对健康生活的一种追求。为了保证茶的口感,泡茶时,乘务员要根据不同茶叶的特点,调整水的温度、浸润时间和茶叶用量,从而使茶的香味、色泽、滋味得以充分地发挥;酒和食物的搭配千变万化,有传统的经典组合,也有依个人不同口味而搭配。通过恰当的搭配,才可以让酒和菜肴更加美味,提高旅客对餐食的满意度。

5)西餐礼仪

提供两舱餐饮服务时,一般遵循西餐礼仪中的相关要求,如餐具的摆放、用餐程序等。只有掌握足够的专业知识,才能更好地将西餐礼仪、西餐文化与机上餐饮服务融合在一起,服务好每一位旅客。

乘务员除了要掌握以上餐饮服务要求外,还需要根据不同的旅客提供个性化餐饮服务。例如:老年旅客牙口和消化功能相对较差,乘务员应尽可能为其提供温热的饮品、松软的餐点，保证其用餐的舒适度；孕妇旅客一般比较反感油腻、口味重的餐食，乘务员应尽可能为其准备口味清淡的餐食；部分旅客因为健康或宗教信仰原因，对餐食有特别需求，如对于糖尿病患者来说，不能食用含糖或含糖量高的食物，因此在为糖尿病人服务时，要主动征询旅客对餐食的意见，同时尽可能推荐低糖、低脂肪含量的食品。

综上所述，看似简单的餐饮服务却包含了乘务员专业知识和服务技能的综合应用。乘务员在餐饮服务过程中展现的综合能力的差异，给旅客带来的用餐享受也是截然不同的。

3. 与旅客建立良好关系的契机

在世界各地，人们一般都会用精心烹饪的美食招待来访的客人，以表达对客人的热情欢迎，让其产生愉悦的心情，更好地尽到"地主之谊"。同样，航空公司为旅客用心准备餐饮，除了表达欢迎之意，营造"宾至如归"的客舱氛围，还能体现"以客为尊"的理念，使旅客获得心理上的满足，产生亲切感和愉悦感。

餐饮服务是整个客舱服务过程中最具特色的环节，乘务员在此过程中与旅客交流最多、最直接。乘务员应灵活利用这一契机，与旅客进行充分的沟通。特别是对于两舱旅客，不仅要了解、满足旅客的餐饮需求，还要借此掌握旅客其他的服务喜好信息，为提供个性化服务提供支持。沟通有时在弥补服务缺陷或服务差错方面也能起到很大作用，例如，在食物配备不能满足旅客需求时，通过语言沟通、解释说明，可以架起沟通的桥梁，取得旅客的谅解。

2.3.2 餐饮类别

为了提高旅客满意度，航空公司一般会根据所飞国家或城市的餐食口味、旅客性质等精心搭配机上餐食和饮料。

1. 餐食的种类

（1）按照餐食的类别不同，一般可分为正餐、早餐和点心。

① 正餐（DNR），包括午餐（LCH）和晚餐（SPR）。

② 早餐（BRF），早上 09:00 前起飞的航班供应。

③ 点心（REF），非正餐时间段供应。

（2）按照餐食供应的时间不同，一般可分为早餐、午餐和晚餐。

① 早餐，06:30—09:00。

② 午餐，10:30—13:30。

③ 晚餐，16:30—19:30。

2. 饮料的分类

（1）按照饮用温度分类。

① 冷饮，可乐、雪碧、果汁等。

② 热饮，绿茶、红茶、咖啡等。

（2）按照是否含有酒精分类。

① 含酒精饮料，啤酒、葡萄酒等。

② 非酒精饮料（又称软饮料），各类果汁。

2.3.3 两舱餐饮服务

两舱餐饮服务遵循西餐礼仪的相关要求，下面以国际远程航线头等舱正餐供餐程序为例进行介绍。

1. 餐前准备

充分、细致的餐前准备工作是做好餐饮服务工作的重要保障。

（1）餐饮准备期间必须拉合厨房门帘，准备餐食、饮品时动作要轻、声音要低，避免打扰到旅客。

拉合门帘的动作要领：细握门帘的上端，若有旅客注视，请与旅客微笑点头示意后再轻轻将帘子拉上。图 2-29 所示为拉合门帘。

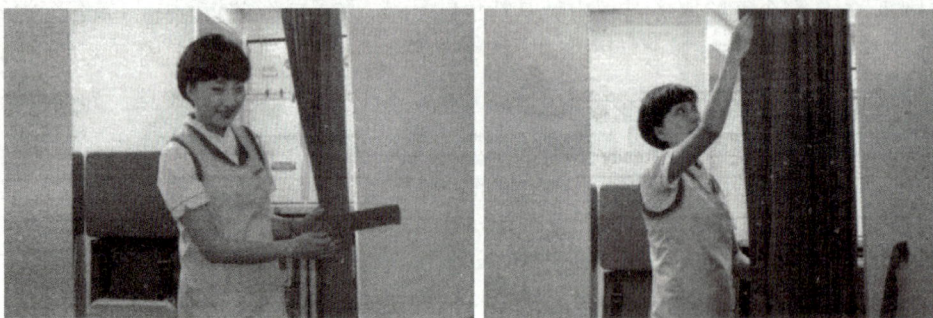

图 2-29　拉合门帘

需要注意的是：供餐期间乘务员必须穿着围裙；进入盥洗室前乘务员必须脱下围裙。

（2）乘务员在烘烤餐食和供餐前应洗净双手。

（3）检查用品、用具是否清洁无污渍。热食盘、咖啡杯、面包碟等放入烤箱或用热水预热。

（4）根据旅客需求和餐食种类，确认烘烤温度和时间。

需要注意的是：以上烘烤温度、时间仅供参考，需视机型、烤制数量等情况而定；热食不能叠放烤制，烘烤前应检查包装锡纸，发现破损应及时更换；蔬菜和肉类混合，以肉类烘烤时间为准，加热后及时打开锡纸盖避免蔬菜变黄；随时关注烤制时间，确保餐食的色泽和口感。

2. 送毛巾

餐前为旅客提供柔软干净、温度适中的毛巾，使旅客能做好用餐的准备。

3. 订餐服务

航空公司会根据所飞区域和航线，提供不同的餐食、饮料品种，供两舱旅客选择。

（1）提供餐谱、酒水单，并主动向旅客介绍餐食内容及饮料酒水等。

动作要领：将餐谱置于左手小臂内侧（低于肘关节位）；打开餐谱相应页，递送给旅客。图 2-30 所示为提供餐谱。

图 2-30　提供餐谱

（2）餐谱、酒水单发放 5～10 min 后，乘务员提供订餐服务。订餐时，乘务员应主动征询旅客对饮料、酒类、餐食品种、主菜烤制的要求以及其具体用餐时间。

（3）根据旅客预订的主食，主动向其介绍相应酒的品种、产地、口味。

（4）准确记录旅客的选择及要求。

4. 铺桌布

铺桌布是西餐服务程序中不可缺少的步骤，美观、干净、平整的桌布为旅客营造良好的用餐环境。

（1）将桌布悬挂于手臂（桌布数须多于实际需求数）。

（2）协助旅客打开小桌板。

（3）铺桌布时，动作熟练、优雅，亲切、礼貌地与旅客进行沟通。

动作要领：将桌布悬挂于外侧手臂上，轻轻拉开桌布边缘，将桌布平铺在桌板上。图 2-31 所示为铺桌面。

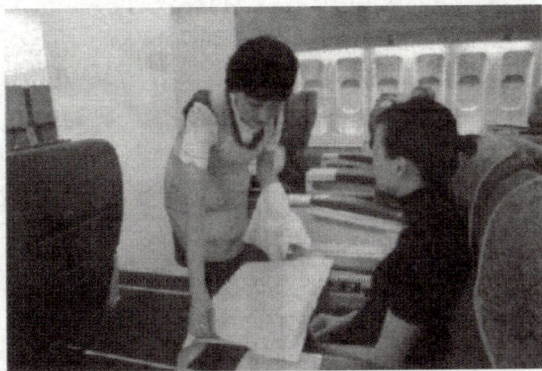

图 2-31　铺桌布

5. 摆放餐前酒

餐前酒又称开胃酒，能够起到刺激胃口、增加食欲的效果。

（1）摆放各类酒水、物品，要求"整齐、美观、安全"。摆放时，由低到高，可呈扇形、斜形，方便拿取。

（2）酒类可提供威士忌、白兰地、金酒、伏特加、红葡萄酒、白葡萄酒、薄荷酒、咖啡酒、香槟酒、啤酒等（其中白葡萄酒、香槟酒和啤酒需要冰镇）。

（3）饮料包括软饮料、配酒饮料、矿泉水等。

（4）物品包括鲜花、饮料杯、葡萄酒杯、白兰地杯、果仁、餐巾纸、杯垫、配酒点缀物、搅拌棒、冰桶等。

6. 送餐前酒水、餐巾纸、果仁

（1）主动向旅客介绍各类酒水。

（2）准备好旅客需要的酒水、餐巾纸、果仁等。

（3）饮料杯通常应置于旅客小桌板右侧。

7. 摆放餐具

摆放刀叉勺、黄油碟、面包盘、盐、胡椒、牙签等，要求位置正确、动作轻柔。图2-32所示为餐具摆放位置。

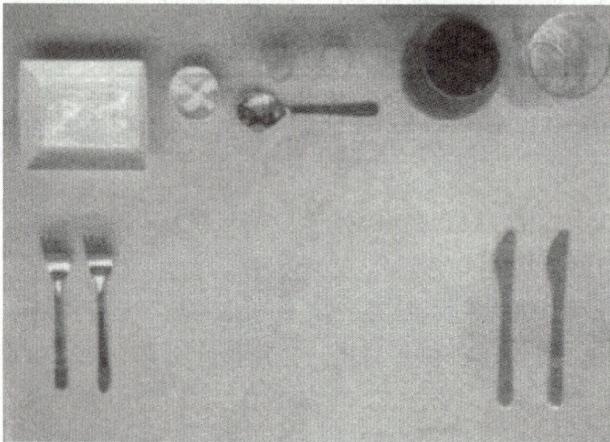

图2-32　餐具摆放位置

8. 送面包

（1）所有面包须加热（手感微烫为宜）。

（2）在面包篮中摆放面包时，将蒜蓉面包与其他面包隔开，避免串味。

（3）面包篮送出时应低于旅客视线，便于旅客选择。

（4）主动介绍面包品种。

（5）根据旅客的选择，用面包夹夹取面包后放于面包碟上，夹时不宜用力过大，以防面包变形。

（6）保持面包的温度和外形，在后续服务中主动询问旅客是否需要添加面包。

9. 送汤

（1）主动向旅客介绍汤的种类。

（2）在旅客面前打开汤盖。

10. 送冷盘

将冷盘中的主菜对着旅客。

11. 送色拉

（1）将色拉汁倒入专用容器内，附带汁勺，置于托盘上。

（2）主动向旅客介绍色拉汁的品名、味道及产地。

（3）将色拉汁搅拌后均匀地浇在色拉上提供给旅客。

12. 配送主菜

（1）主菜盘需要事先加热。

（2）主菜搭配原则为由左至右、由浅入深。

（3）主菜盘边缘及配菜之间要留有空隙，要求摆放美观。

（4）送时将主菜对着旅客。

（5）提供旅客预选的酒类。

13. 用折叠车配送水果、奶酪

（1）提供时，车上层放置水果和奶酪，车下层放置瓷盘、刀叉，要求摆放美观、用具齐全。

（2）主动向旅客介绍水果的种类，根据旅客需要使用三叉摆盘。提供时，同时送上刀叉。

（3）主动向旅客介绍奶酪的名称、产地、特征和味道。

（4）配送奶酪时，一种奶酪配一把刀，以防串味。使用七寸盘，要求摆放标准、配制齐全（芹菜、红根条、干果、饼干）。

（5）提供时奶酪对着旅客，同时送上刀叉，并主动询问旅客是否需要红葡萄酒。

14. 用折叠车配送甜品、热饮

（1）车上层放置茶壶、咖啡壶、奶杯、糖缸、甜品及蛋糕铲，车下层放置加热的咖啡杯、杯托、瓷盘、叉、勺，要求摆放美观、物品齐全。

（2）主动向旅客介绍甜品的种类，用蛋糕铲切送，动作干净、利落；使用七寸盘摆放，要求标准、美观；送出时，将蛋糕的切面面对旅客，同时提供叉。

（3）征询旅客对咖啡、茶等热饮的需求。送出时，将杯把平行置于旅客右手侧。

15. 回收餐具、餐布

（1）观察、识别或询问旅客是否用餐完毕。

（2）用餐完毕后，应及时收回所有餐具和服务用品。

（3）回收时应将餐具适当整理，摆放整齐，防止汤汁外溢。

16. 餐后酒的摆放及提供

（1）餐后酒包括薄荷酒、咖啡酒、白兰地、百利甜酒等。

（2）摆放时要求美观、安全、物品齐全。

（3）将餐后酒、巧克力或甜品、用具及酒杯摆在车上同时提供。

（4）主动介绍各种餐后酒，根据旅客需要提供。

（5）及时收回旅客用完的餐具。

2.3.4 经济舱餐饮服务

1. 餐前准备

（1）餐饮准备期间必须拉合厨房隔帘，做到"三轻"：说话轻、动作轻、脚步轻。

（2）乘务员在烘烤餐食和供餐前应洗净双手。

（3）根据餐食种类确认烘烤时间和温度。

（4）冲泡热饮。

热饮主要有茶类和咖啡，在冲泡时应注意：避免在飞机爬升阶段准备热饮；冲泡热饮时水位高度不得超过壶嘴，以防止颠簸时溢出；水温控制在 60～70 ℃。

（5）餐车摆放时，要求安全、整齐、美观、方便。

① 饮料车摆放时，饮料标签朝向旅客，便于旅客选择。

② 热食摆放时，不要叠放过高（以 3～4 层为宜），避免滑落。

2. 服务要点

提供服务时，一般遵循窗口座位优先、老弱妇孺优先的原则。

1）推拉餐车

（1）手指并拢、两手扶住餐车的两侧进行推拉，在拉餐车时还可运用拉住车扶手的方法进行操作。

（2）掌握适当的速度，避免碰撞旅客、座椅或其他客舱设施。

（3）单人推车时，始终站在面对旅客一侧，同时确保另一侧车门锁闭。图 2-33 所示为推拉餐车。

图 2-33　推拉餐车

需要注意的是：停车踩刹车，行车松刹车，严禁将餐车独自留在通道走廊。

2）送饮料

（1）开启带汽类饮料时，可用毛巾捂住或放于餐车内打开，防止喷溅；开启果汁类饮料时，应先轻轻摇匀，幅度不可过大。

（2）为需要的旅客打开小桌板。

（3）倒冷饮料时，应先询问是否需要添加冰块（先放冰块，再倒饮料）。

（4）倒饮料时，应将饮料瓶或壶从餐车上取下，低于餐车位进行倾倒，壶嘴、瓶嘴对着过道，必要时可退后一步后再倒；倒热饮时，不可过急，以免将水花溅到旅客身上；倒冷饮时，杯口不可碰到瓶口，倒带汽饮料时杯子倾斜一定的角度。

需要注意的是：一般纸杯用于盛热饮，塑料杯用于盛冷饮及酒类。

（5）倒饮料时，一般以水杯的七八成满为宜。轻度颠簸时则以五成满为宜；为年幼旅客提供饮料时，冷饮以五成满为宜，热饮先征求监护人的意见，并放于监护人处。

（6）送出时应握住水杯下 1/3 处，不应触碰到杯口，递送热饮时避免与旅客手对手交接。

需要注意的是：拿水杯时手指并拢，小指可托于杯底，不可大把抓。图 2-34 所示为送饮料。

图 2-34　送饮料

3）送餐食

（1）主动向旅客介绍餐食种类，供旅客选择。

（2）发送餐盒时，将餐盒盖折叠整齐，送至旅客的小桌板上或递送于旅客手中。图 2-35 所示为送餐食。

图 2-35　送餐盒

（3）如配备热食，为确保服务安全，与旅客交接时必须加强语言提醒，不要将热食直接摆放在餐盒上送出，以免热食滑落。递送时可将热食放在托盘上，以免烫到旅客。

4）回收餐具

（1）视旅客用餐情况及时回收餐具。

（2）回收餐具时，应先征询旅客意见，确认后方可收取。

（3）避免汤汁、饮料等洒落在旅客身上。

（4）收取完毕后帮助旅客清理并收起小桌板。

2.3.5 特殊餐服务

旅客如有饮食习惯或宗教信仰对餐食有特别需求，可向航空公司申请提供特殊餐。

1. 常见的特殊餐介绍

常见的特殊餐如表 2-3 所示。

表 2-3　常见的特殊餐

代码	餐食种类	详情
AVML	亚洲素食	主要为以印度为中心的亚洲地区素食主义者提供的餐食。餐食不含肉类、鱼类、贝类、蛋类及乳制品，但多使用香辣辅料
ORVG	东方素食	以中式制备及烹饪的素食，不含肉、鱼、奶等肉类或乳制品，或任何生长在地下的根茎类蔬菜
VGML	严格西素	为西方国家的素食主义者提供的餐食，不含各种肉类和乳制品
VLML	不严格西素	为西方国家的素食主义者提供的餐食，不含各种肉类，含乳制品
BBML	婴儿餐	适用于 10 个月以上的婴儿，提供一种小孩吃的去渣的肉食和蔬菜，一种小儿甜点和婴儿果汁等
CHML	儿童餐	多是一些儿童喜欢的食品，如鱼排、香肠、春卷、比萨等；开胃菜通常是鲜果、巧克力布丁、果料甜点等
HNML	印度餐	一种印度式菜肴，牛肉是绝对被禁止的，可含羊肉、家禽、其他肉类、鱼类及乳制品。严格的印度教徒几乎是素食者
KSML	犹太餐	专门为犹太正信教徒准备的餐食，按照犹太教的规定，烹饪必须在祷告后完成，因此罐头食品成为主要餐食内容，除鸡肉和鱼肉外有时还有被称为"matzos"的面包。犹太教禁止食用猪肉和火腿。其他食品只有是在犹太教教士的监督下屠宰的才可接受
MOML	穆斯林餐	专门为不食用猪肉的伊斯兰教徒准备的餐食。严守教规的穆斯林希望肉食是依教规屠宰的，牛羊肉可接受，鱼是允许的。烹调过程中一般不使用酒精
DBML	糖尿病餐	包含脂肪含量较少的瘦肉、高纤维食品、新鲜的蔬菜水果、面包和谷物等，此种餐食对于是否需要依赖胰岛素的糖尿病人都适用
BLML	溃疡餐	不含能引起肠胃不适的食物，此种餐食含极少的食用纤维及低脂肪

代码	餐食种类	详情
NLML	无乳糖餐	不包括任何乳制品
LSML	低盐餐	适合高血压、心脏病和肾脏病患者的特殊餐食。餐食严格控制食品的钠含量，主要以生鲜蔬菜、饼干、面糊、低脂肪的瘦肉、低热量的黄油、高纤维低盐的面包、水果、沙拉等食物为主
FPML	鲜水果餐	只含新鲜水果，无添加糖分的加工水果或水果干

2. 特殊餐预订

旅客应在起飞前至少 24 h 向售票点或售票网站提出申请预订。

3. 特殊餐供应

（1）乘务员应起飞前清点验收特殊餐的数量、种类，确认旅客座位，并与地面服务人员交接。

（2）特殊餐应优先于正常餐提供。

（3）如遇旅客在机上临时提出特殊餐需求，应利用机上现有资源为旅客配备一份合适的餐食，并提示旅客下次乘机时可先预订特殊餐。

（4）婴幼儿的用餐应根据其监护人的要求适时提供。

2.3.6　国内与国际航线的差异

国际航线与国内航线相比，由于市场竞争更加激烈、客源更加多元化与国际化、中远程航线飞行时间相对较长等因素存在，因此在餐饮服务方面，国际航线与国内航线存在一定的差异性。

国际航线与国内航线相比，有以下特点。

1. 国际航线餐饮品种更多样化

为了满足国际航线来自不同国家、不同地区旅客的餐饮喜好，航空公司一般会针对不同的国际航线，提供更多样化的选择。例如：新加坡航空在印度航线上，提供过 Shahi Thali 这一印度独有的传统佳肴，它由多种著名的传统印度美食所组成，包括一道开胃菜、两种酸辣酱（印度调味品）以及四道小菜、印度烤饼（面包）等。在饮料方面，还配合餐食提供 Lassi（一种酸奶饮料）和 Masala（玛夏拉红茶）。

2. 国际航线餐饮服务流程更复杂

国际中远程航线飞行时间相对较长，一般又多是跨时区飞行，因此航空公司会相应增加供餐频次，涉及的餐食种类也较多。如同一航班上既提供正餐又提供早餐或点心餐，满足旅客在不同时段对餐饮的不同需求。因此，国际航线餐饮服务流程相对而言较为复杂。

3. 国际航线餐饮服务对乘务员要求更高

主要因为在国际航线上，客源更国际化。首先，餐饮服务是需要乘务员不断与旅客进行沟通，才能真正了解旅客的喜好，并提供相应的个性化服务，因此对乘务员外语水平要求相对较高；其次，鸡尾酒文化源自西方，在西方也更普及、更受欢迎，一般在国际航线上酒类饮品会有所增加，乘务员就需要掌握更丰富的酒类知识，尤其是两舱乘务员；最后，乘务员要对各国风土人情有所了解，尊重不同国家或地区旅客的宗教信仰、饮食习惯等，如在提供犹太餐时，餐食应在完好无损的盒中保存，整套地提供给旅客，供其打开检查，打开后应由旅客本人将餐食交给乘务员加热，餐食由锡纸封严，加热后送给旅客时必须确保封严。

职业技能大赛试题

2022 年全国高等学校民航服务技能大赛指导版试题

为保障食品质量，在航前检查餐食时要特别注意（　　　）。

A. 餐食生产日期　　　　　　　　B. 配备餐食种类

C. 餐食包装是否美观　　　　　　D. 烘烤餐食时间

任务 2.4　民航客舱广播与机上娱乐服务作业

对标 1+X 职业技能等级证书标准

空中乘务职业技能等级标准（标准代码 500006；2021 年 2.0 版）相关要求如下。

（1）初级技能等级涉及机上广播的职业技能要求如下。

中英文广播	1 能根据广播器的使用方法及规定，熟练使用广播器。 2 能根据乘务英语的相关知识，运用中英文进行客舱常规服务。 3 能根据机上广播词，流畅地进行欢迎词、致谢、颠簸的中英文广播。

（2）中级技能等级涉及机上广播的职业技能要求如下。

中英文广播	1 能根据乘务英语的相关知识，运用中英文进行特殊旅客服务。 2 能根据机上广播词，流畅地进行常规中英文广播。

（3）高级技能等级涉及机上广播的职业技能要求如下。

中英文广播	1 能根据乘务英语的相关知识，运用中英文进行服务特情处置。 2 能根据机上广播词，进行特殊情况下的中英文广播，且具备一定的自行组织语言应对客舱突发应急情况进行广播的能力。

广播服务是乘务员通过机载广播器传送声音，为旅客提供各类信息的服务。它贯穿于航班服务始末，具有覆盖面广、传播速度快、功能多样、感染力强等特点。

2.4.1　广播服务的重要性

机上广播水平的高低直接影响着旅客对航班服务质量的整体评价。随着国内外航空公司客舱服务理念的提升、客舱服务产品的创新以及旅客期望值的提高，广播服务作为衡量服务品质高低的指标，其重要性日益凸显，主要体现在以下几个方面。

（1）广播服务是反映航空公司和乘务组专业素质、服务能力、精神面貌等方面的一个直观窗口。清晰的、流利的、悦耳的广播能准确传递信息，展现乘务员的服务素质，树立良好的服务形象，提升旅客对服务的认可度；反之，刺耳的、生硬的、生疏的广播会使旅客的满意度大打折扣。

（2）广播服务是乘务员和旅客沟通的渠道与纽带。通过广播，可以为旅客提供乘机相关信息，如机型设备介绍、飞行距离、飞行时间、延误起飞、航班取消、遇有颠簸等，既满足了旅客的知情权，体现了航空公司对旅客的重视与尊重，又能使旅客及时掌握信息，主动协助并配合乘务员做好航班运行相关工作。

（3）广播服务是拉近距离、安抚情绪的有效手段。正常情况下，客舱广播通过声情并茂、生动悦耳的声音传递，能够让旅客拥有一份愉悦的好心情，产生宾至如归的感觉；当航班延误时，及时、诚恳、亲切的广播更容易得到旅客的理解，安抚旅客急切的心情；一旦发生紧急情况，赋予广播更强的感染力，还能起到稳定情绪、凝聚力量的作用。

2.4.2　广播员的职责

广播员必须经过专项培训方可上岗，其职责主要包括以下几个方面。

（1）在执行航班任务时，应携带公司下发的乘务广播手册。

（2）登机后，测试广播器是否处于良好状态。若发现故障，及时汇报乘务长。

（3）正确使用、爱护广播设备。

（4）根据公司规定的广播内容、顺序和航班运行情况，准确、适时地向旅客进行广播。

2.4.3　广播要求

为了确保广播质量，广播员应遵循以下要求。

1. 基本要求

（1）广播员应当按照公司广播手册内容，落实各项广播。在特殊情况下，根据航班情况的不同可临时组织广播词。

（2）广播时要求吐字清晰、音调柔和、速度适中。正常情况下，较为适宜的中文播音速度为 200～220 字/min，英文播音速度为 120～150 词/min。

（3）当长航线、夜航或大多数旅客休息时，应酌情减少广播或缩短广播内容。

（4）夜航或头等舱、公务舱旅客休息时，在条件允许的情况下，根据机型分舱广播，避免打扰旅客休息。

（5）当航班延误时应及时广播，告知旅客相关信息。

（6）遇有颠簸应及时提醒旅客，必要时重复广播。

2. 注意事项

1）控制语速

乘务员在广播时，要有意识地控制广播语速为标准语速。若广播语速过快，会让旅客听不清楚，无法理解广播内容；若广播语速过慢，会给旅客一种拖沓、生疏之感。节奏的快慢在实际广播中受多方面因素制约，如广播时的情绪、对广播内容的熟悉度等。

对于不同性质的广播内容，还要变换语气，做到声情并茂。让旅客切实感受到广播内容的价值，收到事半功倍的效果。

2）表达流利

表达流利是指广播时吐字清晰，发音标准，内容表达连贯顺畅。广播时，乘务员与旅客间并不是面对面地交流，不能借助手势、表情等辅助手段，只有发准每一个字、词的读音，才能使旅客准确地接收广播中传递的信息。如果广播时发音不准、吐字不清、语言表达不连贯，会使旅客不能正确理解广播内容，从而影响广播的效果。

因此，乘务员应有意识地加强广播基本功的训练，提高广播水平。例如，借助广播录音带进行标准跟读，学习播音员的标准发音、练习绕口令来掌握咬字的准确性等，以增强语言的流利性。

3）及时准确

广播是快速传递信息的一种有效途径，是从点到面的单向传播。为了达到广播效果，必须确保广播的及时性和准确性。在航空运输过程中，旅客通过广播获得航班运行相关信息，尤其是遇有航班延误等突发事件，旅客最想了解的是延误原因、目前状况、预计等待时间等。此时确切信息的及时发布有助于旅客安排好自身行程，达到安抚旅客情绪、取得旅客谅解的作用；及时准确的广播还有助于让旅客协助并配合乘务员工作，从而真正发挥广播的作用。例如，在飞行中，如果遭遇强气流，会让飞机产生较大的空中颠簸。此时，乘务员应立即进行广播，准确传递颠簸信息，才能在最短的时间内通知到所有旅客，提醒旅客注意安全，并根据要求做好安全防范措施。

4）赋予情感

广播质量不仅局限于语速、语音、语调，充满情感、富有人情味的广播更易被听众接受。广播时若缺乏感情、语调平淡，给人感觉不亲切，让人失去兴趣，会使旅客产生一定的排斥心理；相反，如果把握好广播时的情感，就能引起旅客注意，使广播达到预期效果。

所谓"读书百遍，其义自见"，任何一段广播都应先做到"熟读"，只有熟悉广播词，才能赋予恰当的情感，从而真正地体现广播的生命力。一个好的广播员不能仅停留在"读"广播词，做到"脱口而出、声情并茂"是每一个广播员追求的目标。

2.4.4　机上娱乐服务

随着现代技术的飞速发展，旅客需求日趋多元化。在确保飞行安全的前提下，航空公司力图为旅客带来更加丰富多样的娱乐体验。特别是在远程航线上，大多数旅客除了对餐饮品质的要求外，也非常关注长时间飞行中消遣娱乐的方式。机上娱乐服务的主要作用在于让旅途变得愉快、轻松，减少长途飞行的烦闷、疲劳。

机上娱乐服务主要包括电子娱乐服务和报纸杂志服务。

经常搭乘飞机旅行的旅客早已熟悉机上娱乐系统（in-flight entertainment，IFE），目前IFE 已经从简单的荧幕式电影播放走进了互联网时代。以 IFE 为主的电子娱乐服务，其提供形式也日趋多样化。与国外先进航空公司相比，国内电子娱乐服务在硬件配备上相对落后，目前主要以提供视频和音频服务为主。

1. IFE 的演变与发展

IFE 的官方定义是"航空旅行中，在机舱内为旅客提供任何可能的娱乐实现手段"。世界上第一次推行机上娱乐概念的是 Aeromarine Airways。1921 年，它首次在飞机上为旅客播放了荧幕式电影 *Howdy Chicago*。1932 年，Western Air Express 第一次在机舱内放置电视机（In-flight television）。1936 年，IFE 开始逐渐系统化，一家名为 Hindenburg 的航空公司在其跨大西洋的远程航线上，为旅客提供了电影、钢琴、酒吧等设备。1985 年，个人音响播放设备被首次引入机舱内。直至 20 世纪 90 年代，IFE 系统逐渐成为飞机制造商设计时的重要参考指标，现代化的 IFE 几乎配备在了全球每一架宽体客机上。以旅客需求和科技发展为导向的机上娱乐系统正经历着前所未有的革新。

2. 视频服务

视频服务是指乘务员通过机载影音设备为旅客播放电影、新闻、音乐、电视等节目，并提供订餐、免税品购买、各类资讯查询等服务。图 2-36 所示为客舱视频。

图 2-36　客舱视频

1）基本作用

（1）安全提示。通过视频系统播放乘机《安全须知》录像，向旅客做好起飞前的各项安全简介。

（2）传递信息。旅客可以通过视频看到航行景观、及时了解外界情况，如飞经城市及主要地标、目前所处位置、飞行高度、飞行时间、目的地城市天气状况、机场航站楼信息等。同时，旅客还可以通过浏览航空公司页面，了解更多公司概况，并获取有价值的出行信息（如航班时刻、酒店预订、目的地旅行攻略等）。

（3）娱乐休闲。旅客可以通过视频，在飞机上享受舒适的服务、购物的乐趣，例如，实现餐点预选、乘务员呼叫、免税品销售等服务。同时，旅客可自行选择 IFE 中存储的电视、电影、音乐、游戏等节目，甚至是互联网接入。

2）服务要点

（1）旅客登机前，乘务员应完成对机载影音设备的正常测试。如发现故障，及时报告乘务长。乘务长填写"客舱记录本"，并通知机务人员进行修复。

（2）飞行中，如果机载影音设备出现故障，未能及时修复，应及时告知旅客，真诚地致歉，取得旅客的谅解。

（3）由指定的乘务员负责设备操作，并对播放情况进行有效监控。

（4）对儿童、老人、残疾人等特殊旅客提供指导，并帮助他们正确操作、合理使用机上的电子娱乐设备。

3. 音频服务

音频服务是指乘务员通过机载音频设备为旅客播放各类乐曲，使旅客通过欣赏音乐、放松心情。提供的音乐类型多样、风格各异，主要有流行音乐、古典音乐、乡村音乐、交响乐、摇滚乐、轻音乐等，以满足不同旅客的需求。

1）基本作用

（1）调节氛围。迎送旅客时，通过播放轻松、欢快的乐曲能调节沉闷、枯燥的气氛，同时表达全体机组人员对旅客的欢迎之情、答谢之意。

（2）音乐欣赏。旅客可以根据个人喜好，选择喜欢的音乐类型。

2）耳机配备

为了降低飞机发动机带来的噪声影响，减少对周围环境的干扰，航空公司为旅客提供耳机服务，以营造令人满意的视听氛围。随着科技的不断发展，飞机上配备的耳机在功能性、舒适性、耐用性等方面都有了较大进步，受到旅客的普遍欢迎。

（1）发放形式。送至旅客手中或放于座椅前面的插袋内。

（2）服务要点。

① 航前确认耳机配备数量，并完成必要的质量验收。

② 发放时，主动询问旅客是否需要使用耳机，根据需要帮助旅客打开包装，并介绍使用方法。

③ 落地前收回耳机或提示旅客将耳机妥善放置于座椅前口袋内，以免成为紧急撤离的

障碍。

2.4.5　报纸杂志服务

报纸杂志服务是机上娱乐服务中不可或缺的一部分，一直深受广大旅客尤其是老年旅客的欢迎。机上的报纸杂志大多分为财经类、体育类、时尚娱乐类以及综合类，刊载有当下的热门话题、与生活息息相关的实用文章等，让旅客能随时获取相关信息，满足不同旅客的需求，成为旅客的旅途伙伴。

1. 主要优势

（1）可随时阅读，不受飞行时间段的限制。

（2）可以互相传阅、反复使用。

（3）简便易使用。与电子类娱乐设施相比，报纸杂志因其操作和携带方便而受到欢迎。

2. 发放形式

（1）发放报纸。将报纸送至旅客手中或在指定位置摆放于折叠小推车、书报架上等，供旅客自行选择。

为了方便旅客取阅，发放时应注意：

① 露出刊头；

② 合并同类；

③ 确保报纸的数量和品种（必须有外文报）。

（2）发放杂志。将杂志送至旅客手中或放于座椅前口袋内、书报架上，供旅客取阅。图 2-37 所示为发放杂志。

图 2-37　发放杂志

任务 2.5　不正常航班服务作业

当航班不正常时，旅客对乘务员的服务要求较高。乘务员要理解和宽容，从旅客的角度出发，急旅客之所急、想旅客之所想，尽量维护旅客的利益，妥善化解矛盾，积极消除由于航班不正常给旅客带来的消极影响，使旅客获得周到贴心、温馨细致的服务体验。

2.5.1　不正常航班旅客的服务需求

当航班不正常时，旅客的需求特点归纳起来有以下几个方面。

1. 知晓信息

航班出现延误后，旅客最关心的是相关的航班信息，如飞机何时起飞、航班是否会取消以及后续的服务安排等。这时，乘务员要积极主动了解航班最新动态，及时与旅客沟通，通报信息应掌握以下三个原则。

（1）真实性。旅客享有知情权。不正常航班信息发布首先要秉承实事求是的原则，避免发生信息不对称、不真实的情况。如候机楼通知的延误原因是飞机晚到，而上机后乘务员却说是天气原因，通知的原因不一致，会使旅客有被欺瞒之感，从而产生不满情绪。保证旅客的知情权是乘务员在航班发生不正常情况时的一项服务内容。

（2）及时性。当航班不正常时，旅客对信息的及时性要求较高。乘务员应迅速了解航班不正常原因，掌握最新航班时刻情况，力争在第一时间通知旅客。如遇到机械故障，乘务员应将飞机故障的情况、目前采取的措施、预计延误的时间通过广播等方式及时告知旅客。旅客及时获得信息后能平静地等待，有充分的时间做好后续的安排。

（3）准确性。不正常航班产生的原因有时会随着时间的推移而变化，如雷雨季节天气瞬息多变，当航班延误时乘务员要了解即时的、准确的航班信息，主动与飞行机组、地面服务保障人员取得联系，掌握第一手准确的信息，避免主观判断、经验主义，将已经发生变化的信息告知旅客。

2. 客舱服务

当航班不正常时，相应的航班服务流程和内容会发生一定的变化。乘务员要考虑全面，根据实际情况调整安排好后续的服务，通过主动周到、细致热情的服务化解由于航班不正常所导致的旅客的不满和抱怨，竭尽所能，以取得旅客的理解和支持，注意做好以下几个方面的旅客服务。

1）餐饮

当航班不正常时，保证旅客的正常餐饮很重要。如预计在地面等待时间超过 1 h，乘务员就可以在地面为旅客提供餐饮服务，满足旅客对餐饮的需要。一方面能够体现乘务员对旅客的关心和照顾，另一方面能够平抚旅客的急躁情绪、化解旅客的抱怨。

2）沟通

当航班不正常时，往往旅客的心情多处于焦躁和不满的状态，有时还会将不满的情绪发泄在乘务员身上。乘务员与旅客的良好沟通往往是化解旅客不满的一种良药。乘务员要克服畏难情绪，调整好心态，主动与旅客沟通，寻找与旅客更多的共同语言，建立轻松氛围，消除旅客的怨气或不满情绪。如遇到独自乘机的老年旅客，乘务员要主动与老年旅客沟通，可以适当地与老年旅客聊聊家常事，了解老年旅客目的地接机的安排，给予细致的关心和帮助，增进彼此的感情；遇到无成人陪伴的儿童，乘务员要及时与儿童的家长取得联系，告知航班延误的原因和儿童在机上的饮食、休息等情况，让家长放心。重视旅客情感沟通的需求，是人性化服务的最好体现。

3）体现"五心"

不正常航班的客舱服务最能够体现乘务员的职业素养和专业能力，要做好不正常航班的服务，乘务员必须做到"五心"。

（1）耐心。乘务员在进行不正常航班服务时要保持耐心，克制不良的情绪。旅客登机后默认航班能够正点起飞，得知航班要延误后，情绪波动就会比较大，此时，空中乘务员一定要平心静气，耐心处置。

① 充分理解。乘务员要充分理解旅客焦急的心情。旅客普遍认为只要正常登机了，航班就应该准点起飞，他们没有思想准备，会以为航空公司愚弄欺骗自己，产生抵触情绪。乘务员要学会换位思考，站在旅客的立场，给予理解和安抚。

② 耐心和蔼。遇到不正常航班造成的延误，乘务员要耐心和蔼，在客舱内用心倾听旅客的意见、抱怨和批评，注意不急躁、不辩解、不讽刺。认真仔细地告知旅客航班延误的情况，消除与旅客之间的隔阂，拉近与旅客的距离。

③ 认真倾听。当航班不正常时，乘务员要耐心宽容，学会倾听旅客意见，成为旅客倾诉发泄的对象。乘务员应站在旅客的角度，理解旅客的焦虑心情，听取旅客的意见和批评，了解旅客的需求与想法，让旅客有发泄情绪的途径，同时乘务员要控制自己的情绪，不辩解、不推诿，始终保持积极礼貌、宽容大度的态度，化干戈为玉帛。

（2）热心。不正常航班造成延误后乘务员要积极热心地服务旅客，为旅客排忧解难。一般航班延误后，旅客最关心的是行程能否继续、要等待多少时间、航空公司的解决途径有哪些、是否可以改签到其他航空公司的航班等信息。

① 积极协调。乘务员要了解旅客的不同需求。当旅客提出转签航班时，乘务员应将此信息及时告知机长、地面工作人员，帮助旅客尽快办理转签航班；当旅客提出中止行程时，乘务员应事先了解旅客的行李托运情况，提醒旅客带好所有随身物品，并做好检查确认。通过积极的协调，帮助旅客解决困难。

② 热心服务。在服务时，乘务员要始终保持亲切的微笑，挥去旅客不愉快的情绪。乘务员在巡视客舱、回答询问、听取意见和为旅客办理转签、转机等相关事宜时，都要积极热情，保持热情的微笑，以"请"字当头、"谢"字结尾，用勤快热情的服务弥补由于航班不正常给旅客带来的不便。

（3）细心。乘务员要做个"有心人"，在遇到航班延误或者长时间等待时，通过观察和沟通，及时发现旅客的需求和不满。

① 眼中有活。航班延误后，在客舱内积极走动，养成与旅客互动的好习惯，仔细观察旅客的言谈举止，及时发现了解旅客潜在的需求，从而更好地为旅客提供服务。如恰逢用餐时间又延误等待时间较长，乘务员就可以为旅客进行送餐服务，端上热饭热菜，送上解渴饮料，可以缓解旅客的不满情绪。乘务员要眼中有活，时刻做个有心人，让旅客感受到乘务员细致入微的服务。

② 心中有客。航班发生延误，乘务员要设身处地为旅客着想，变被动为主动，服务于旅客开口之前。如夏季航班延误，有些飞机的空调地面制冷效果不佳，客舱内会异常闷热，此时，乘务员如果送上一杯清凉的饮料，不仅能带给旅客清新舒爽的感受，也能驱走旅客烦躁焦虑的情绪；如航班被迫取消，乘务员要提醒旅客带好所有的行李和证件，在旅客下机后还要仔细清舱检查确认，及时发现遗留物品，交还给旅客。微笑于心、细腻于行，乘务员要将旅客视作亲人与朋友。

（4）诚心。在服务时，乘务员要诚意致歉、宽容豁达，及时体会旅客的心理变化和情绪特点，以诚待人，化解不满。

① 诚意为先。航班延误乘务员诚意为先很重要，要自觉担负起航空企业的形象代言人的职责。遇到不正常航班，乘务员首先要真心实意地向旅客表示歉意，其次对于航班延误造成的旅客不便，要真诚地请旅客谅解，最后对旅客给予的支持和理解表示衷心的感谢。乘务员要一切以旅客的利益为重，要牢记自己的责任，待客以诚，服务以真，让旅客被诚意所感动。

② 谦和宽容。乘务员的谦和忍耐能够化解旅客激动和抱怨的情绪。如遇到旅客言语过激或行为不当时，乘务员要虚心接受，谦和宽容，仔细倾听旅客的抱怨，对于存在的问题必须真诚道歉并及时整改，取得旅客的谅解与支持；又如航班长时间延误，乘务员在客舱内往返服务，被旅客的不良情绪所影响，也会感觉到身心疲倦和情绪烦躁，此时，乘务员要积极调整，用豁达包容的心胸面对工作中的压力，并努力克服。

（5）贴心。当航班不正常时，乘务员的贴心照顾是服务的制胜法宝。能够在航班延误时给旅客以方便和舒适，体现乘务员的亲情关爱。

① 贴心服务。当航班不正常时，乘务员体贴入微、关怀备至的服务能够带给旅客亲切温馨的服务体验。如由于航班延误旅客凌晨到达机场后已没有公交车，乘务员就应该及时主动地与地面工作人员取得联系，了解航空公司为旅客安排的后续车辆，解决旅客的困难，真正做到真情换真心、情意暖人心。

② 特需服务。当遇到航班延误时，乘务员要重视关心航班中的特殊旅客，贴心温馨地做好特需服务工作。如遇到孤身乘机的老年旅客，乘务员要体贴地询问他们是否需要与家人联系，主动拨通老年旅客家属的电话，告知航班的具体信息，让家人放心、让老人安心。如遇到孕妇旅客，乘务员要关心照顾，孕妇旅客感到恶心呕吐，乘务员要主动送上热毛巾和温水，在航班长时间等待的情况下，要安排其至通风好、空气新鲜的空间，

便于孕妇旅客休息，同时要提示航班情况，第一时间安排转机或下飞机等待，确保旅客的安全与舒适。贴心服务是亲切自然的关爱呵护，是高品质、高水准的航空服务体现。

2.5.2　不正常航班的相关处置

航班延误时，乘务员要耐心有礼，妥善积极地为旅客做好延伸服务，在面对特殊情况时，有以下解决方法。

1. 签转

由于航班延误导致航班取消，旅客可要求签转其他航班或终止该段航程。

（1）当旅客提出签转航班的要求时，乘务员应在最短的时间内统计需要签转旅客的人数，报告机长并告知地面工作人员，帮助旅客做好航班签转工作。

（2）乘务员要记录旅客姓名、座位号、有无托运行李、航班号和相关人数，并与地面工作人员做好乘坐轮椅旅客、无成人陪伴儿童等特殊旅客及特殊事项的交接工作。

（3）乘务员要提醒签转旅客的随身行李全部带下飞机，确认没有遗漏物品或拿错行李的情况，旅客下机后要完成局部清舱工作。

（4）乘务员要将签转旅客和清舱工作完成情况向机长进行汇报，完成修改后的舱单交接，将相关情况予以记录，以备核查。

需要注意的是：对仅需要终止航程的旅客，乘务员要及时通知地面人员办理终止航程的手续，其余要求与签转旅客一致。

2. 中转

当航班延误导致旅客后续中转联程航班转机时间较短或将受到影响时，旅客会向乘务员提出中转航班保障需求。

（1）乘务员要记录中转航班的航班号、起飞时刻和中转人数，报告机长通知地面工作人员，尽力协助旅客快速办理中转手续。

（2）中转联程旅客可优先于同舱位的旅客下机，但经济舱旅客不得优先于头等舱旅客。

（3）乘务员可根据航班时刻表向旅客提供可能转机的转机航班建议和指导，但不应向旅客做出转机的承诺。

3. 备降

备降机场是指由于目的地机场天气、设施、旅客身体和其他突发原因，航班无法抵达预定的目的地，需要降落的备用机场。

（1）备降机场一般靠近目的地机场。如目的地为深圳机场，备降机场可能是广州机场或珠海机场；如目的地城市有 2 个以上的机场，则这些机场互为备降机场。

（2）乘务员在获知航班备降的信息后，要掌握航班备降的原因和预计落地的时间，及时通过广播告知旅客，做好相应旅客的解释工作，完成航班落地前的客舱各项准备工作。

（3）乘务员在航班落地后，要积极与地面工作人员取得联系，了解旅客的情况，及时安抚旅客情绪，做好相应安排。

需要注意的是：如果由于目的地机场天气无法转好或机械故障无法修复等原因致使航

班取消，乘务组要做好临时在外过夜的准备，与基地乘务调度人员取得联系，了解后续航班任务的调整情况，清点并铅封机供品，做好与地面工作人员的交接，带好证件和所有装具下飞机。

表 2-4 为备降航班情况及处置要求。

表 2-4　备降航班情况及处置要求

序号	备降航班情况	处置要求
1	短暂等待继续飞往目的地	① 及时做好广播通知； ② 完成起飞的各项安全工作
2	长时间等待	① 及时做好广播通知； ② 做好机供品的增补； ③ 与地面人员协调旅客的需求； ④ 做好自愿取消行程的旅客信息记录
3	航班取消	① 及时广播通知； ② 组织旅客做好下机工作； ③ 做好特殊旅客和事项的交接； ④ 完成清舱和交接

4. 占机

由于航班延误造成旅客不满，旅客的补偿诉求没有得到满足，有时会发生到达目的地后旅客占机的情况。

（1）乘务员在航班服务时要注意观察旅客的动态，敏锐地觉察到可能发生占机的行为，及时将掌握的信息报告机长，做好相应的预案。

（2）发生旅客占机，乘务员应立即报告机长并记录占机旅客的姓名、座位号和人数。旅客占机期间，乘务员不得离开飞机，应做好占机旅客的劝说工作。

（3）乘务员应做好客舱安全监控和必要的服务工作，保护机上设备和飞机舱门，防止发生意外事件；维护客舱秩序，必要时配合保卫部门和机场公安干警做好相关的工作。

2.5.3　不正常航班服务的注意事项

乘务员要掌握不正常航班的服务流程，做好不正常航班服务。

1. 加强各方沟通

乘务员在航班延误时要加强各方沟通，保证信息的及时、准确。

（1）与机组沟通。机组在驾驶舱能够获取航班的第一信息，乘务员要加强与飞行机组的良好沟通，了解航班延误情况及预计延误时间，确保信息及时准确传递给旅客。如遇到机械故障，机组会将精力放在维修飞机上，乘务员要及时沟通，避免打扰、打断机组的正常通信和工作，获取全面的信息。

（2）与旅客沟通。乘务员要及时与旅客做好信息沟通，消除旅客的焦虑情绪。如遇到旅客向乘务员表达需要补偿的愿望和要求时，乘务员要了解旅客的诉求，不推诿敷衍，帮助旅客与地面工作人员建立联系，不要轻易向旅客做出补偿的承诺。当航班延误时间较长，且原因的责任主体是航空公司时，航空公司一般会根据《航班延误经济补偿指导意见》提供相应的补偿。

2. 做好客舱广播

乘务员要做好不正常航班的客舱广播，通过广播及时传递航班信息，致以真诚歉意。关闭舱门 15 min 后仍未推出滑行，乘务员要立即了解情况，做好客舱广播通知；广播要做到信息准确、语音清晰、语调柔和；在长时间等待过程中，应适时增加广播次数，传递航空公司的歉意和感谢，争取旅客的谅解。

3. 调整服务流程

乘务组应根据航班延误的时间，在获得机长同意的前提下，动态调整服务流程，一般遵循以下方法。

（1）地面等待时间小于 30 min：发放报纸、毛巾，提供机上娱乐、影视服务，并根据个别旅客的需求提供适当的服务。

（2）地面等待时间大于 30 min 且不足 1 h：提供茶水、矿泉水服务。

（3）地面等待时间 1 h 以上：提供饮料服务。

（4）地面等待时间 2 h 以上：提供全套餐饮服务。

（5）没有确切时间：应尽量与机组沟通了解等待的时间，做出预判并提供相应的服务。

需要注意的是：头等舱、公务舱旅客和重要旅客，尽可能为其提供便利与协助，要进行个别服务和情况说明。乘务组应在航班推出滑行前 20 min，做好食品、饮料和旅客服务工作，固定服务设施，完成起飞准备。

4. 加强客舱管理

乘务员在航班延误时要加强客舱管理，关注旅客需求并做好客舱安全监控，防止出现意外；要做好客舱巡视，稳定旅客的情绪，虚心听取旅客的意见，耐心回答旅客的问询，避免矛盾升级；要关注旅客需求，通过细致观察和语言沟通，尽早发现需要帮助的旅客，及时给予帮助，避免因乘务员服务不到位而造成旅客不满；要具备安全意识，坚守岗位，加强重点部位的监控，确保客舱设施、设备得到有效监护，确保舱门始终有人监控，保证航班安全。

5. 及时增补机供品

由于航班延误，机上的机供品会提前使用。乘务员在不影响航班运行的前提下可以增配机供品。

（1）乘务员事先统计好增补物品和数量，报告机长，在不影响航班起飞的情况下，通知地面工作人员进行物品补充。

（2）乘务员应对补充用品进行确认、检查和交接，如有需要应确定外站加配机供品的计划。

6. 做好快速过站

快速过站是指飞机延误晚到后，为了争取后续航班能够按照公布时刻正常起飞而执行的快速过站工作。乘务组要分工合作、各司其职，忙而不乱地做好快速过站工作。

（1）乘务员要协助地面清洁工作人员尽快做好客舱清洁工作。

（2）乘务员要及时做好机上机供品清点交接工作。

（3）乘务员要快速落实客舱清舱和运行安全相关工作。

思考与练习

1. 老年旅客有哪些特点？需要掌握哪些服务要点？

2. 犯罪嫌疑人有哪些特点？需要掌握哪些服务要点？

3. 简述首轮效应对客舱服务的重要性。

4. 简述迎送旅客阶段的两舱服务要点。

5. 广播员的职责主要有哪些？

6. 对广播员的基本要求有哪些？

7. 简述两舱与经济舱餐饮服务的差异。

8. 简述机上饮料的分类及常见饮料品种。

9. 不正常航班旅客的服务要求有哪些？

10. 不正常航班服务的注意事项有哪些？

项目 3

民航客舱维护与管理

思政教育目标

通过学习民航客舱维护与管理知识和技能，树立民航从业人员的主人翁意识。

知识技能目标

◎熟悉客舱管理的意义。

◎了解人为因素对客舱管理的影响。

◎掌握客舱服务管理的内容与要求。

◎掌握客舱旅客的管理规则。

◎掌握客舱紧急设备的安全使用注意事项。

◎掌握机上厨房各类设备的正确使用方法。

对标 1+X 职业技能等级证书标准

《民航空中服务职业技能等级标准》相关要求如下。

（1）初级技能等级涉及客舱服务的职业技能要求如下。

1 应急设备 认知	1.1 能正确识别客舱应急设备标识与缩写。
	1.2 能正确表述客舱主要应急设备的功能。
	1.3 能正确检查客舱应急设备位置与状态。
2 服务设备 应用	2.1 能正确识别客舱服务设施设备。
	2.2 能正确使用旅客服务设施设备。
	2.3 能正确使用厨房服务设施设备。

（2）中级技能等级涉及紧急情况处置的职业技能要求如下。

① 能正确区分不同程度颠簸的表现。
② 能掌握不同程度颠簸的处置原则。
③ 能正确操作和使用机上的氧气瓶。
④ 能正确区分不同类型释压的表现。
⑤ 能掌握不同类型释压的处置原则。
⑥ 能正确操作和使用机上的灭火器。
⑦ 能正确使用个人防护式呼吸装置。
⑧ 能正确区分不同类型失火的表现。
⑨ 能掌握不同种类失火的处置原则。
⑩ 能掌握不同位置失火的处置原则。

项目导引

打造特色空中网络服务 进一步改善乘客乘机体验

2021 年，民航局将"推进航空器客舱无线网络服务"纳入"我为群众办实事"实践活动中，目的是进一步改善乘客乘机体验，提高民航服务质量和管理水平。

推动网络基础设施升级改造

客舱无线网络服务涉及频率资源、电信业务运营、无线电设备、适航审定、网络信息安全等管理事项，涵盖航空、通信、互联网等多个领域。

要解决当前存在的网速慢、带宽不足等问题，关键要在加快网络基础设施升级方面下功夫。一是加强与有关部门的协调沟通，进一步理顺相关政策及管理要求。二是促进运营商提供多种地空通信网络，提升航空器接入互联网速率，扩大覆盖范围。

经过各方共同努力，2021 年亚太 6D 高通量卫星已正式为航空公司提供服务，每架航空器可使用的网络带宽已从原来的 10 Mbps 左右提升至 100 Mbps 以上，提升了乘客接入互联网的满意度。

与此同时，我国自主建设的中星 16 号高通量卫星也加入了服务阵营，开始为部分航空公司提供验证试飞工作。未来，会有更多的地空通信网络资源投入使用。

加快客舱网络设备加改装

客舱无线网络建设有两种模式。

一种是从"局域网"到"互联网"两步走模式。第一步，让乘客通过手机、笔记本计算机等个人移动通信终端，接入客舱无线局域网，获取航空公司提供的娱乐、购物、航旅信息等服务。目前，多家航空公司已在飞机上配备了无线局域网系统，其中中国国际航空公司 354 架飞机已安装该系统，占全机队的 81%。第二步，在局域网的基础上，航空公司选择加装相应的地空通信设备，满足空中接入互联网的需求。

另一种是"互联网"一步到位模式。航空公司一次性完成局域网及地空通信设备的加改装，乘客可使用个人移动通信终端在空中直接接入互联网，实现即时网页浏览、电邮收发、在线音视频体验等。目前，也有多家航空公司已实现了空中接入互联网，其中中国东方航空公司 96 架宽体客机已具备此能力。

据了解，为促进航空公司加改装和升级无线网络设备，民航局制定了《关于加快推进客舱无线网络服务的指导意见》，进一步推动产业链协同，促进跨行业合作，开展卫星通信系统在民航试点应用。

截至 2021 年，具备客舱无线网络服务能力的航空公司有 23 家，航空器共计 842 架，较 2020 年增加了 188 架，同比增长 29%；其中 213 架航空器具备地空通信能力，初步统计 2021 年已有 130 多万人次使用了空中接入互联网服务。

打造特色空中网络服务

为向乘客提供高品质、多元化的空中网络服务，民航局鼓励航空公司、电信运营商以及互联网企业发挥各自优势，不断融合创新服务内容与方式，激发市场活力。

目前，已有多家航空公司与电信运营商、互联网公司、设备制造商等单位合作，成立了专业公司，聚力客舱无线网络服务产业升级、提质增效。

此外，多家航空公司结合乘客需求、自身业务特点及资源整合能力，开发推广各具特色的空中网络服务，积极探索市场化运营模式。

陈向阳表示，下一步，民航局将一如既往秉持"人民航空为人民"的理念，进一步加强对客舱无线网络服务的监督和指导，规范行业发展。

"十四五"期间，将重点从现在以航空公司选择为主的"局域网"服务，逐步过渡到以乘客个人选择为主的"互联网"服务。"相信不久的将来，将有更多乘客享受到丰富多彩的空中网络服务，人民群众在民航发展中的获得感、幸福感将不断提升。"

任务 3.1　民航客舱管理基础知识

客舱管理涉及的内容多、范围大、要求高，乘务员要掌握客舱管理的定义和相关知识，了解人为因素与客舱管理的重要相关性，对客舱中的冲突、差错和压力进行有效管理，提高运行品质。

3.1.1　客舱管理的概念

1. 管理

管理是指通过计划、组织、领导、控制及创新等手段，结合人力、物力、财力、信息等资源，以期高效地达到组织目标的过程。广义的管理是指应用科学的手段安排组织社会活动，使其有序进行，英文是 administration 或 regulation。狭义的管理是指为保证一个单位全部业务活动而实施的一系列计划、组织、协调、控制和决策的活动，英文是 manage 或 run。

2. 客舱管理

客舱管理是指客舱经理/乘务长为了实现航班的安全正常运行和服务质量目标，而对乘务组、旅客以及各种资源实施的统筹管理。也包括乘务员在航班执行过程中对客舱的人、机、料、法、环的管理。

3.1.2　客舱管理的作用

1. 确保客舱安全

安全是根，保证旅客安全是乘务员的法律责任和最高职责。安全是航空公司最重要的社会责任，是民航事业永恒的主题，确保客舱安全是乘务员提供给旅客最优质的服务。良好的客舱管理能够建立规范的安全保证系统，指导乘务员遵守规章，按照标准程序执行，才能负责任地履行岗位职责，确保客舱安全，保护国家和人民生命财产的安全，维护社会稳定。

2. 实现优质服务

服务是魂，是客舱乘务工作的目标与核心，是航空服务生存和发展的命脉，提供优质服务是客舱乘务员最重要的工作。优质服务的实现是客舱管理的作用体现。旅客在乘机过程中获得满意度、舒适度和惬意度的全方位服务体验，需要客舱乘务员付出真情细致和周到亲切的服务。实现优质服务能够赢得旅客的信任感与忠诚度。

3. 提高运行效率

效率是金，实施客舱管理就是提高运行效率。航空公司的运行效率体现在：时刻准点、运行正常、成本精细和盈利效益。客舱管理一方面要提高人的工作效率，另一方面要实现物的利用效率，从而节约成本，增加利润。航班正常运行确保了旅客利益，维护了旅客的权益，同时也为公司创造了声誉和效益。

3.1.3　客舱管理的影响因素

人为因素是指与人有关的任何因素。人为因素包括工作和生活中的人，以及人与人、机器、程序、环境的关系。人为因素是航空系统中最灵活、最能适应和最有价值的部分。

1. 冲突

航班工作中会遇到各种各样的冲突，乘务员要了解冲突产生的原因，掌握解决冲突的方法，学会管理航班工作中的冲突，保证航班正常运行。

1）冲突产生的原因

（1）理解的差异。客舱的乘务员与旅客的冲突往往来自理解的差异。人们看待事物喜欢从主观出发，就容易产生误解，导致冲突。如航班起飞前要求将靠窗的遮光板打开，当发生紧急情况时，窗外的阳光能够进入客舱缓解由于断电而造成的黑暗，同时又能让乘务员和旅客观察到飞机外部的情况，做出正确的判断，这是局方要求的安全规定。乘务员在进行安全检查时会请靠窗的旅客帮助打开遮光板，此时旅客往往会因为阳光刺眼而不愿意合作，一旦乘务员反复要求旅客打开遮光板，就会造成乘务员和旅客之间不愉快，乘务员和旅客对安全规章理解的差异容易引发彼此的冲突。

（2）性格的差异。性格是指一个人对现实的态度以及与之相适应的习惯化的行为。乘务员与乘务员、旅客、机组成员之间的性格差异会引起冲突。如航班没有旅客所选择的餐食时，性格随和的旅客往往不会计较，通常能够接受，而性格固执的旅客会因为没有餐食可选而产生抱怨，此时，乘务员若性格急躁、处事简单，就会引发冲突，影响航班服务质量。

2）解决冲突的方法

航班中发生冲突，乘务员要重视冲突发生的原因，停止争论，互相聆听，尊重对方，及时妥善予以解决，以免冲突升级而引发抱怨、投诉，造成更大的影响。一般遵循下列三个原则。

（1）冷静控制原则。乘务员要在冲突管理中起到积极协调的作用。发生冲突之后，乘务员要以大局为重，保持冷静，控制情绪，应该停止争论，互相聆听，应就事论事，而不是情绪论事。当旅客对关闭移动电话的安全规章不理解、不支持时，乘务员要心平气和、耐心有礼地向旅客详细地解释和说明使用移动电话对飞机通信的影响，争取旅客的理解，获得支持。

（2）换位思考原则。乘务员要学会换位思考，运用有效的沟通技巧缓解冲突的影响。要站在旅客的立场思考问题，如飞机落地后还在滑行，许多旅客会迫不及待地打开行李架拿取行李，乘务员在对旅客进行劝阻时，要理解旅客想提前下机的急切心情，友善礼貌地劝阻，可有效避免冲突的产生。

（3）求同存异原则。在发生冲突时乘务员要遵循求同存异原则，学会在各种冲突中寻求共同之处。如遇到旅客与旅客之间发生冲突，乘务员应及时安抚双方的情绪，找到旅客的共同需求点，避免进行是与非的评论，帮助旅客双方进行协调沟通，求同存异，达成共识。

2. 差错

差错是客舱管理中最常见的问题。由于人的能力存在局限性，人总会出现失误，总会在有意无意中出现差错。乘务员要掌握差错的类别，了解差错可能引发的后果，对差错进行有效预防。

1）差错的分类

依据差错产生的原因，可分为三大类。

（1）技能缺失类。由于乘务员的技术能力缺失而产生的差错。通常发生在飞行资历较浅、缺乏服务经验的乘务员身上。如某航班乘务员看到盥洗室外站着一对母子，孩子急着要上盥洗室，就直接打开显示"无人"的盥洗室，谁知里面有旅客，造成旅客的投诉。乘务员要掌握服务技巧，防止出现"好心办坏事"的结果，在打开盥洗室门之前首先要观察"有人/无人"的标识，然后还要用敲门的方式确认盥洗室内是否有人，确定无人后方可打开盥洗室门，防止有些旅客因未锁门而导致门被打开，造成差错，引起不必要的误会和尴尬。

（2）规章操作类。由于乘务员违反规章要求而造成的差错是差错形成的主要原因。乘务员在执行航班任务过程中，会因各种情况而发生对标准的偏离，如操作烤箱进行餐食烘烤，必须确认烤箱内的餐食，取出干冰，并检查确认没有纸片、塑料瓶等易燃物品，还要防止出现空烤箱加热的安全隐患，如果乘务员没有按照规章操作就容易造成安全差错而引发事故。

（3）不良习惯类。乘务员的不良习惯会造成各类差错的产生。航班中造成差错形成的不良习惯包括工作懒散、浪费时间、主观臆断、骄傲自满、缺乏交流、言行不一和消极心态等。乘务员的好习惯能够增进团队合作，形成团队合力，减少差错的产生。

2）差错的预防

差错会对航班运行造成不同程度的影响，乘务员要对差错进行预防，有效控制差错的出现。一旦差错发生，乘务员要采取措施进行解决，尽可能快地停止差错的连锁反应。

（1）执行标准操作程序。乘务员应通过严格执行标准操作程序来防止差错的产生。航班运行正常离不开程序，标准操作程序有助于差错的防范，它可将差错的危险性降到最低点。如严格执行舱门的开启和关闭程序，能够帮助乘务员集中精力，避免发生应急滑梯误放的事故；航班颠簸期间要按照颠簸标准程序进行客舱服务和安全监控，保证航班的安全运行与服务质量等。乘务员只有坚持标准操作才能够进一步减少偏差，提高执行率。

（2）加强团队沟通协作。航班的正常运行离不开客舱机组成员与飞行机组成员、安全员间的默契配合，也离不开与其他部门良好的协作配合。乘务员可以通过团队之间良好的合作来避免差错的发生。如供餐前乘务组互相提醒餐食的烘烤准备工作，可以避免供餐时因餐食未准备妥当而发生的差错；乘务员在用烧水器煮水的时候，进行互相提示，能够起到监督管理的作用，避免烧水器内水烧干的安全隐患等。总之，乘务组成员之间良好的合作能够发挥团队补充和监控的作用，有效地减少差错。

（3）重视总结反馈工作。乘务员要及时将航班中发生的各类差错进行上报与反馈，防止类似的差错重复发生。如航班过站中乘务员忽视了飞机的清水添加，造成空中服务时无法正常提供热饮，乘务员在航班返回后就要及时报告，提醒其他乘务员在过站时要注意完成清水添加，避免重复发生此类事件。乘务员要善于总结经验，吸取教训，将自己的经验报告给公司，让其他乘务员也从中吸取到经验和教训，整体提高航班安全服务水平。

3. 压力

1）压力的产生

压力是生活中的一个现实。无论你是谁，从事什么工作，你都会遇到压力。民航飞行更是以高技术、高要求、高强度和纪律性著称，乘务员经常会遇到或大或小的压力。乘务员的压力一般产生于以下几种情况。

（1）航班生产任务的压力。

（2）乘务员高度的责任和义务的压力。

（3）航班延误、客舱设备故障造成的压力。

（4）由于个性不适应及能力缺乏产生的压力等。

2）缓解压力的方法

压力会明显地影响团队协作和工作效率，会破坏友好的气氛，那么我们怎样正确对待压力呢？下面介绍几种方法。

（1）明确压力来源，善于整体规划。首先，我们必须清楚压力的来源，比如，客舱乘务员准时、守时的压力会很大，一旦发生或即将发生迟到的行为，会产生心跳加快和过分担心的明显压力征兆。为避免发生这类现象，乘务员要准备充分的时间提前量，做到事前规划，"一切尽在掌握"，这种感觉本身就能很好地缓解压力。

（2）不断调整心态，尽量保持乐观。处在压力下，难免会产生情绪低落、无精打采的状态，会影响航班的工作，为此，客舱乘务员需要及时采取各种措施，不断调整自己的心态，使自己始终保持一种积极向上的心态，从而不断让自己保持活力。以最乐观的心情想象最好的结果。需要做的所有事都已经在进展当中，即使遇到麻烦，也一定会以最快的速度重新调整状态。

（3）按照标准执行，从不耽搁迟延。在压力出现时，应专心于执行正确的标准规范，如盥洗室的烟雾探测器发生啸叫，同时有烟雾冒出，客舱乘务员应立即执行标准灭火程序，用标准程序来缓解压力。同时，能在今天办完的事绝不会拖到明天，能在当时办完的事不要拖到数个小时之后。因为很多事情搁着未做，本身就能造成巨大的心理压力。

（4）困惑及早倾诉，利用幽默减压。乘务员在感到困惑、棘手或压力的时候，要主动寻求乘务组成员的帮助，及时倾诉获得释放，或许还会得到其他组员的良好建议。如果气氛紧张，尝试讲个笑话，用幽默来化解紧张的情绪。

3.1.4　客舱管理的内容

客舱管理涵盖的内容多、要求高、涉及面广。

1. 旅客管理

为保证航班正常运行，乘务员要对航班旅客进行全面管理，顺利完成航班任务，以下为发生特殊情况时的通用规定。

1）可不接受的旅客范围

（1）是（或怀疑是）中毒者。

（2）是（或怀疑是）吸毒者。

（3）要求静脉注射者。

（4）已知旅客有传染性疾病并在航班中有可能传染给他人，或该人无法提供有效证明无传染危险者。

（5）干扰公共秩序者。

（6）拒绝提供有效证明者。

（7）精神不健全，有可能影响机上人员或自残者。

2）责令下机的旅客

（1）责令下机的情况包括无票登机的、无登机牌的、登错机的、表现为醉酒的和证件不齐全的。

（2）当责令下机无效时，乘务员应立即报告机长，要求机场公安采取措施强制该旅客下机。

3）睡觉的旅客

（1）安全。提醒睡觉的旅客系好安全带，防止意外颠簸受伤。

（2）巡视。注意巡视客舱，使用休息卡，做好客舱服务提示。

（3）服务。预留旅客的餐食，提供毛毯服务，关闭阅读灯和通风器。

（4）环境。夜航期间要适当调高客舱温度，调暗客舱灯光。

（5）细节。乘务员说话、动作要轻，除安全提醒外，尽量不要吵醒旅客。

4）晕机的旅客

（1）关心。主动询问情况加以安慰，擦去呕吐物，擦净被弄脏的衣服、地毯和行李，送上温水、毛巾和清洁袋，如果座位被弄脏，在条件允许的情况下可以帮助调整座位。

（2）照顾。根据症状帮助松开衣领、腰带和安全带，打开通风器，调直座椅；可用手在旅客背后自下而上推以减轻旅客症状，在征得旅客同意的情况下，提供人丹含服，在人中、太阳穴处擦拭清凉油。

（3）其他。如果旅客情况没有得到缓解，要及时报告机长并广播寻找医生；建议有晕机史的旅客在起飞前 30 min 服用晕机药缓解症状。

5）怀抱婴儿的旅客

（1）安全管理。提供婴儿安全带，指导旅客正确使用，提醒旅客起飞、颠簸和下降时系好安全带和注意各项安全要求，不安排怀抱婴儿的旅客坐在应急出口附近和靠通道的位置，一排不安排 2 名婴儿。

（2）物品存放。指定一名乘务员上下机时帮助旅客提拿行李、安排座位并安放妥当，航程中帮助旅客拿取用品；如接收婴儿车，在飞机停稳后及时交还给旅客。

（3）设备简介。向旅客介绍机上服务设备、呼唤铃、通风器和可供婴儿换尿片的盥洗室位置和使用方法；如果盥洗室无换尿片的设备，可以在空座位铺上毛毯或毛巾，供婴儿换尿片。

（4）服务细致。乘务员要主动关心旅客，帮助冲泡奶粉，准备清洁袋和毛巾，及时清理废弃物，弄脏的毛毯要另外存放，交由地面清洁人员处理；下降时告诉旅客婴儿耳朵可能受压，提醒旅客唤醒婴儿，帮助旅客整理好随身物品，根据到达地气温，提醒穿好外套。

2. 餐食管理

1）安全卫生

（1）乘务员应在航前及航程中做好餐食安全管理工作，为旅客提供卫生、安全的机上餐食。

（2）已经装机的餐食若飞机上没有冷藏设施，一般可在飞机上保存 4 h；若飞机上有冷藏设施，可在飞机上保存 12 h，但温度不得超过 10 ℃。

（3）如果餐食出现异味、变质、变色和过期等情况，要立即报告，并且通知地面工作人员予以更换。

2）规范操作

（1）乘务员要将冷热餐食和用具分开冷藏或加温，保证凉的必凉、热的必热，内放干冰保持冷藏的餐车在供餐之前不得随便打开，以充分保持冷藏的温度。

（2）餐食提供时要根据服务标准做好供餐、酒类和饮品等服务。

3）干冰要求

（1）干冰严禁放置于烤箱内，以防发生烘烤后的安全隐患。

（2）干冰严禁放于水槽内，防止水槽与下水管冰冻。

（3）机上配备的干冰可均匀分散放置于餐车顶部，以降低餐车内的温度，保持餐食新鲜。

3. 机供品管理

机供品是有限资源，乘务员要根据配备量合理使用，遵循均衡性、节约性原则，减少浪费与损耗。

1）均衡性

有些机供品是一次性配备上机，一般情况下不予加配，对于这些机供品，乘务员要事先做好均衡调配，防止出现分配不均的现象。如机上报纸一般是一次性配备上机，过站期间不予补充，当连续执行 4 个航班时，乘务员需根据预报人数进行合理均衡分配，避免发生因前一个航班发放完毕，而造成后续航班无法提供的状况。

2）节约性

乘务员在使用机供品时要注意节约，避免大手大脚，随意浪费。如可乐、雪碧打开后，瓶盖要留存起来，饮料供应结束后将瓶盖拧紧，以免发生无法保存而只能大瓶倾倒饮料的情况。又如，清洁盥洗室的洗手池时，乘务员不要抽取一叠纸巾擦拭，可以先用小毛巾擦一遍，再用 1～2 张纸巾将剩余的水迹擦干，而用过的小毛巾还可以继续使用，养成节约的好习惯。

4. 厨房管理

1）干净整洁

乘务员要保证厨房区域的冰箱、烤箱、保温箱、储藏室的干净整洁；保持厨房台面、地面的清洁，不要将油状液体、牛奶、果汁倒入池中，应倒入马桶。

2）规范操作

厨房内的所有服务用具要轻拿、轻放、轻开、轻关，并保证用具干净、无污物。不要将塑料纸或纸类用品放入烤箱或保温箱内；按要求在起飞、下降期间将所有厨房用电关闭。

5. 盥洗室管理

1）盥洗室清洁

乘务员要保持盥洗室清洁卫生、无异味，原则上头等/公务舱 1 人次、经济舱 3 人次使用后打扫一次，做到镜面、台面、地面、马桶周围干净无污迹，及时补充盥洗室卫生用品，按规定摆放整齐，卷纸前端折成三角形。

2）盥洗室监控

乘务员要做好盥洗室的监控，关注烟雾探测器的工作状况，防止旅客在盥洗室内吸烟影响客舱安全。当旅客长时间滞留在盥洗室内时，乘务员要主动用敲门和询问的方式了解旅客的情况，如发生旅客在盥洗室内昏厥，乘务员可直接打开盥洗室进行救助。

需要注意的是：每个盥洗室的天花板或壁板上均装有烟雾探测器，当探测到烟雾时会发出高音量的蜂鸣声。乘务员在航前要仔细检查烟雾探测器的工作情况，按中断按钮可使烟雾探测器停止蜂鸣。

6. 飞行机组服务

1）总体要求

主动有礼、大方得体，确保与飞行机组的信息沟通及时准确，避免擅作主张和主观判断。

2）机组协同

乘务组要主动与机组沟通，根据机组协同标准，逐一进行详细的准备和协调，了解航路天气及有关信息。

3）餐饮服务

（1）直接准备阶段工作完毕后，应提供机组饮料和毛巾，注意茶水勿倒过满，拧紧瓶盖或盖上纸杯起到防溅作用。

（2）为机组供餐的时间应事先询问机组每位成员，按需按规定提供。机长和副驾驶用不同的餐食。

（3）为机组提供饮料、餐食时要使用托盘，注意平稳安放，防止打翻。

4）注意事项

（1）进入驾驶舱，应按照事先的联络暗号执行，防止有人尾随进入。

（2）所有送入驾驶舱的餐具应在用完后及时收回，颠簸时禁止服务。

（3）与机组交流时，应确认机组工作情况，避免打扰机组正常飞行操作。

（4）飞行实施阶段，全程做好驾驶舱安全监控，禁止非机组人员进入。

（5）离开驾驶舱，应从观察孔观察外部情况，确认安全方可开门离开。

（6）如在驾驶舱不慎打翻饮料，乘务员需在机组人员指导下予以清洁，切勿自行盲目擦拭，以免造成对仪表、仪器的间接损坏。

3.1.5　民航客舱旅客服务规范的管理

1. 旅客服务规范

1）迎送客服务规范

（1）乘务员迎送客时的站位，以 B737 系列机型为例。

① 航班只开 L1 门，迎送客位置如表 3-1 所示。

表 3–1　B737 迎送客位置（开 L1 门）

号位	迎客	送客
PS1	L1 门内侧	L1 门内侧
SS2	公务舱 2 排 D 座	先在公务舱与经济舱之间，公务舱旅客下机后，在廊桥口或客梯车上送客
SS3	R2 门盥洗室旁	R2 门盥洗室旁
SS4	经济舱 4 排 D 座	L2 门盥洗室旁
SS5	紧急出口处 D 座	各自座位旁
SS6	经济舱倒数第 3 排 D 座	

② 航班开 L1、L2 门，迎送客位置如表 3–2 所示。

表 3–2　B737 迎送客位置（开 L1、L2 门）

号位	迎客	送客
PS1	L1 门内侧	L1 门内侧
SS2	公务舱 2 排 D 座	先在公务舱与经济舱之间，公务舱旅客下机后，在 L1 门口处廊桥口或客梯车上送客
SS3	L2 门内侧	L2 门内侧
SS4	经济舱 4 排 D 座	L2 门口处廊桥口或客梯车上
SS5	紧急出口处 D 座	各自座位旁
SS6	经济舱倒数第 3 排 D 座	

（2）乘务员迎送客的形象要求如下。

① 站姿：双腿并拢，身体与舱门成 45°角。

② 眼睛：面带微笑，目视旅客的眼睛。

③ 鞠躬：15°鞠躬并向旅客问好或说再见。

④ 手势：五指并拢、手势明确。

2）餐食服务规范

在飞机上，餐食主要分为正餐（含热食）、冷正餐（不含热食）、早餐（含热食）、冷早餐（不含热食）、点心 5 类。

（1）餐食烘烤的温度。含热食的餐食必须烘烤加热后才能提供给旅客。任何剩余的食品不能冷却后再次加热进行供应。

（2）特殊餐食。根据旅客个人要求，提供特殊餐食以适应宗教或健康的需要，但旅客须在飞机起飞前至少 24 h 内向承运人提出要求。特殊餐食由航食公司根据"特殊食品通知单"提供，并做好特殊标记，特殊旅客通知单上标有要求的特殊餐食及座位号。旅客登机前，乘务长要了解特殊餐食的内容、旅客座位号并确认，及时通知该区域的乘务员。供餐时，应先于其他旅客提供特餐。婴儿用餐时，乘务员视情况待婴儿用餐完毕，再提供其监护人餐食。提供特殊餐食，需尊重各国及各地风俗习惯。

（3）烘烤餐食的技巧。

① 检查烤箱有无餐食。

② 烘烤前，要将干冰从烤箱内取出来。

③ 热食不能直接摆在一起，每层之间要用烤架隔开。

④ 特殊餐食不要和普通餐热食一起烘烤，以免送错。

⑤ 如果食物中毒会影响飞行机组的工作能力，进而影响飞行安全。为机组供餐的乘务员应绝对保证供给机长和其他机组成员的食品是完全不同的。

2. 旅客管理规则

1）客舱旅客的管理规则

如有旅客违反了旅客管理规则，应按航空公司的法律法规委婉地进行劝告，并要求其执行，如果旅客遵守照办了就没有进一步行动的必要；如果旅客拒绝或不能遵守法规，可能会被解释成干扰机组的工作，应立即通知机长寻求合适的解决办法。

2）严重行为不当旅客的处理

严禁任何旅客袭击、威胁、恐吓或干扰机组成员执行工作，如违规可以被认为严重的行为不当。

乘务员一旦发现旅客有严重的行为不当，应立即报告给乘务长/主任乘务长，乘务长/主任乘务长通知并与机长协商决定处置方案。

3）非正常旅客的处理

（1）起飞前的处理。登机时，如果有旅客显示醉态，或在麻醉品作用影响下干扰了机组成员工作，并/或危及旅客与机组的安全，乘务员要通知地面值班人员和/或机长；地面值班人员将其带下飞机并做善后处理。

（2）离开登机门后的处理。飞机离开登机门后，如果有旅客显示醉态或处在麻醉品作用之下，乘务员应通知机长，并由机长来决定是否滑回劝其离机。如果飞机返回登机口，通知地面值班人员处理该旅客的离机及善后事宜。

（3）飞行中的处理。如有旅客在起飞后显示醉态或处在麻醉品的作用下，乘务员要通知机长。乘务长/主任乘务长要在机长的指示下采取必要的措施。飞机到达目的地后，警察或其他官员可上飞机来处理该旅客，并询问目击者。如果旅客的不当行为涉及并危及机组成员工作，管理部应报告中国民航总局。

（4）事件的报告。乘务长填写事件报告单，并报告机长签名。将报告送呈公司。

4）可拒绝接受旅客的处理

（1）下列旅客可被责令下机。

① 非法无票登机者。

② 无登机牌的旅客。

③ 发生超载时，已登机的候补旅客按登机优先次序从后向前。

④ 任何不可接收的旅客，登错飞机的旅客。

如果所有责令下机的方法均告失败，地面值机人员或机长可以要求当地强制执行官员责令旅客下机；如果旅客仍拒绝下机，其将被指控为非法行为，并且由强制执行官员带走。

（2）航班可不接受下列旅客。

① 是（或像）中毒者。

② 是（或像）吸毒者。

③ 要求静脉注射者。

④ 已知是传染性疾病患者，并在航班中有可能传染他人的，或该人无法提供有效证明无传染危险者。

⑤ 拒绝人身或物品安全检查者。

（3）下列旅客需持有医疗证明。

① 需用早产婴儿保育箱者。

② 要求在空中额外吸氧者。

③ 可能在空中有生命危险，或要求医疗性护理者。

④ 已知有传染性疾病，但采取措施可以预防者。

这种医疗证明必须说明旅客应遵守的措施，并在乘机之日前的 10 天之内签署；在旅客登机前，这种医疗证明必须交乘务长一份。

5）需特殊帮助旅客的处理

（1）特殊服务通知单。航空公司为需要特殊帮助的旅客准备一份特殊服务通知单，并将通知单送交该航班乘务长。

（2）征求志愿服务者。

① 班机的民航内部人员。

② 由该旅客选定的人员。

③ 愿意提供帮忙的其他旅客。

④ 机上工作人员志愿服务者，如果所在舱位人员允许，可作为最后的选择。

（3）对志愿服务者的要求。

① 应是体格强壮者。

② 必须大于 15 岁。

③ 每次航班，每位残疾者可能只有一位服务人员。

④ 不能附带照顾婴儿、幼儿。

6）投诉旅客的处理

（1）对待生气的旅客，乘务员要耐心地听取其倾诉，切不可与其争执。

（2）如有可能，应想方设法改变当时的状况。

（3）向生气的旅客道歉，并保证其意见能转达给相关人员；如该旅客不满意，到达目的地时，通知地面工作人员。

（4）如可能，记录下所有相关信息，包括旅客姓名、地址，以便事后与旅客联系。

（5）机长和乘务长之间相互沟通，以解决问题。

7）遗失物品旅客的处理

（1）客舱内拾到物品。

① 在旅客离机后，或在旅客登机前，乘务员在客舱拾到任何有价值的物品，必须马上报告乘务长进行查看。

② 乘务长填写旅客遗失物登记表，并将失物及登记表一同签字后交给地面工作人员。

③ 如果是旅客捡到，并且证明是某旅客的物品，经乘务长确认后归还给对应旅客。

（2）旅客报告遗失物品。

首先询问清楚遗失物品的品名和遗失的地点、时间，物品的颜色、大小、特征，旅客姓名。

① 在地面遗失物品。如果飞机未起飞，立即报告乘务长和机长，与地面工作人员联系，请他们帮助查询。找到后，应让旅客确认一下，当面交还失主。如果飞机已关舱门或起飞后，旅客报告遗失物品，除了要了解遗失物品的情况外，还应问清楚遗失物品旅客的地址、旅行目的地、联系方式等，并向旅客解释不能下机寻找，如有消息会马上通知。经查询，如地面报告物品已找到，应尽快告知旅客，并将物品尽快带到目的地，交给客人；经查询而未找到旅客的遗失物品时，应先向失主表示歉意，并表示如以后找到会及时通知，并希望失主和候机楼问讯处经常保持联系。

② 在机上遗失物品。如果在机上发生偷窃，乘务员先要确定是发生在飞机上，然后在客舱内寻找，找不到则应报告机长，并将如下信息通知即将抵达的航站：遗失物品及其价值；偷窃是在机上发生的；是否在有可能遗失的地方查找过；在到站时，乘客是否需要报案。

3. 航行中的客舱管理

1）旅客要求冷藏药品的处理

旅客在航班中要求冷藏药品时，可将药品放入盛有冰块的塑料袋内，但决不能将药品冷藏于厨房冷藏箱或冰柜中。

职业技能大赛试题

2022 年全国高等学校民航服务技能大赛指导版试题

旅客要求冷藏药品时，乘务员（　　　）。

A. 应直接把药品放入冷藏箱内进行冷藏

B. 可以拒绝旅客的要求

C. 应将药品放入盛有冰块的清洁袋或塑料袋内，让旅客自行保管

D. 将药品放入清洁袋或塑料袋内，放入冷藏箱内进行冷藏

2）旅客要求更换座位的处理

经乘务员允许，旅客在飞行中可更换座位，但不能允许不符合条件的旅客坐出口处的座位。

3）进入头等舱/公务舱访客的处理

原则上禁止普通舱旅客进入头等舱/公务舱访客。如果旅客有此需要，乘务员通过收取适当费用可将旅客舱位升级，或要求头等舱/公务舱旅客进入经济舱访客。

4）头等舱/公务舱盥洗室的管理

乘务员主动向旅客介绍和提醒盥洗室的位置。在空中平飞阶段，应拉上各舱间的隔离帘，以减少普通舱、公务舱的旅客进入头等舱。

5）进入驾驶舱的管理

在地面时，除非有航空公司特许人员（但不必是一个机组人员）陪同，否则访问者不被允许进入驾驶舱。

有权在驾驶舱的人员，如安全检查人员或授权的公司雇员在要求进入驾驶舱时，必须向机长出示身份证及证书，并等待许可。

佩带有身份证的中国民航总局的检查官员可自由地进入驾驶舱。

4. 延误/等待航班的客舱管理

飞机在规定时间范围内机门不能按时关闭，乘务长应了解推迟的原因，并及时广播通知旅客。

如因特殊原因等待，乘务长应与机长保持联系，并根据等待的时间长短向旅客提供服务。

旅客登机后，如需重新回到候机室等待，乘务员应了解旅客的特殊要求，由乘务长根据情况与地面值班人员联系。

旅客登机后，遇有再次验票，乘务长应配合地面服务人员，广播通知旅客准备好机票。

任务 3.2　机供品管理

机供品是客舱服务项目中"物"的总称，是为旅客提供客舱服务的物质资源。一般包括餐饮餐具、书报杂志、毛毯、礼品、洗漱用品等。

3.2.1　机供品的含义

1. 机供品单

机供品单是指标有机供品配备数量与种类，供乘务员在航前或航后确认配机和填写回退量的单据。乘务员按照要求填写机供品单，以备核查。

2. 清点

清点是指乘务员在航前对照机供品单进行数量核对、质量抽查和安全检查的工作过程。

3. 回收

回收是指乘务员在航班服务结束后将机上剩余的机供品进行整理后放在指定的位置或区域，并填写机供品单的工作过程。

3.2.2 机供品的类别

机供品一般分为6大类。

1. 餐食

餐食分为旅客餐和机组餐两种。

（1）旅客餐。一般根据舱位、航班时刻和航程配备。按舱位可分为头等舱、公务舱和经济舱餐食；按航班时刻可分为正餐、简便餐、点心餐等；按航程长远可供一餐至多餐。

（2）机组餐。根据局方要求和航班时刻为飞行机组配备，包括正餐、点心、水果等。机长餐食与副驾驶餐食应有差别，机长餐食有特别标记。

需要注意的是：如提供给机长和副驾驶的餐食相同，则机长与副驾驶的进餐时间间隔至少在1个小时以上。

2. 饮品

机上饮品一般分为5大类。

（1）水。机上一般配备矿泉水或纯净水，含有人体必需的微量元素和矿物质，清洁卫生，是航班中配备量最大，使用量最多的饮品。

（2）软饮料。含有碳酸气体（二氧化碳）的饮料，一般情况下加入冰块提供，口感清新舒爽。包括可口可乐、苏打水、干姜水、雪碧、橙味汽水等，图3-1所示为部分碳酸饮料。

图3-1 部分碳酸饮料

（3）果汁。由水果制成的饮料，航班上一般提供橙汁、番茄汁、苹果汁、菠萝汁、西柚汁、果蔬汁和椰汁等。头等舱、公务舱配备的果汁品种较丰富。图3-2所示为部分果汁。

图 3-2 部分果汁

（4）热饮。包括绿茶、红茶、咖啡等。一般在餐后提供。乘务员必须掌握热饮冲泡的方法。在递送时要慢而稳，避免烫伤旅客。

（5）酒类。含有酒精的饮品，其酒精含量在 2%～50% 之间。航班上一般提供啤酒、红白葡萄酒和香槟等酒类。一般在洲际航班和两舱配备的酒类品种较多，乘务员可根据机上配备的酒类和饮料，为旅客调制鸡尾酒。

职业技能大赛试题

2022 年全国高等学校民航服务技能大赛指导版试题

为两舱旅客提供迎宾香槟时，酒量最多不能超过（　　　）。

A. 1/2　　　　　B. 1/3　　　　　C. 七成　　　　　D. 六成

3. 餐具

机上餐具一般分为以下几类。

（1）杯具。玻璃杯、葡萄酒杯、香槟杯、咖啡杯、塑料杯、纸杯、咖啡壶、茶壶、咖啡棒等。

（2）餐具。汤碗、汤勺、面包碟、沙拉碗、餐盘、不锈钢刀叉、塑料叉勺、铝箔盒、纸餐盒等。

（3）辅助用品。餐布、餐谱、面包夹、面包篮、大小托盘、保温桶、开瓶器、摇酒壶、冰碗、冰勺、毛巾夹、纸巾、杯垫等。

4. 餐车、储物箱

用于存放餐食、饮品、餐具等服务用品，包括整餐车、半餐车、免税品车和供酒车等。

5. 舒适用品

一般包括被子、毛毯、靠枕、拖鞋、洗漱包和毛巾等。

6. 盥洗室用品

一般包括洗手液、肥皂、护手液、清香剂、擦手纸、卷筒纸和马桶垫纸等。

3.2.3 机供品管理的意义

机供品管理质量的高低直接影响到旅客的满意度、绿色环保和企业的经济效益。

1. 有助于充分发挥机供品的效能

机供品是客舱服务不可或缺的重要组成部分，乘务员要充分利用机上配备的机供品资源，根据旅客的需求、航班的特点和季节的因素等，合理使用和调节机供品，发挥机供品的最大效能，从而提高旅客的满意度。

（1）体现合理化。乘务员在服务过程中，要对各类机供品进行合理的调配和使用，才能将有限的资源发挥更高的效能。如国内航班由于航程、机型的限制，毛毯不是满员配备，无法保证每位旅客人手一条。当毛毯不够分发时，乘务员要把握分配原则，一般优先提供给老人、孕妇、儿童等特殊旅客，并要做好适当的预留，以备有旅客急需时能及时提供。

（2）提高满意度。旅客的满意度与机供品提供的条件、质量等具有相关性。由于机供品配备有限，当发生供需矛盾时，往往会使旅客感到不满意。如供餐时，当旅客没有选择餐食的余地时，容易引起不满。此时，乘务员要灵活应对，除了诚恳地向旅客说明情况以取得谅解之外，还应该主动推荐可供的餐食品种，来弥补配备的不足，从而及时化解旅客的不满情绪，提高旅客的满意度。同时乘务员要做有心人，注意观察和总结各条航线机供品使用情况，向有关部门提出调整机供品配备的合理化建议，持续不断地改进服务品质。

2. 有助于推进精细化管理

机供品是航空公司的成本支出，乘务员要树立成本控制意识，加强对机供品的使用管理，倡导绿色环保理念，实现降本增效。

（1）降本增效。航班机供品的运送环节多、备用量大且周转时间长，存在流失多、浪费大和管理难的现象。乘务员在服务过程中要本着厉行节约的原则，控制机供品的使用。如机上配备的无纺布毛巾，需湿润后提供给旅客，乘务员要根据旅客的人数，适量地准备湿润的毛巾。要避免因贪图省事、方便，而将毛巾全部浸湿的做法，致使剩余的毛巾无法回退而造成浪费。航班结束前，乘务员要对剩余机供品分门别类地进行整理，做好机供品的回收再利用，降低机供品成本。

（2）绿色环保。绿色环保、减少环境污染也是航空企业应承担的社会责任。机供品的有效管理也是绿色环保、减少环境污染的有效途径之一。乘务员除了节约使用机供品外，还要注意机供品的回收。如在回收餐具时，要将餐布与用过的餐具分开存放，避免油渍污染餐布，减少洗涤对环境的影响。又如，在提供饮料时，当旅客选择同类的饮品，乘务员可提示旅客重复使用水杯，既满足旅客的需求，又能降低水杯的使用量，体现绿色环保的理念。

3.2.4 机供品管理要求

机供品管理贯穿航行始终，乘务员要掌握管理要求和相关注意事项，做好机供品管理工作。

1. 掌握配备标准

机供品的配备不是一成不变的，应随着航季的变化、旅客的需求、时刻的调整而做出相应的修订。乘务员要及时掌握这些信息，做到心中有数、准备充分。归纳起来有两点要求。

1）做好航前准备

乘务员在执行航班前必须做好航前准备，包括配备标准、旅客人数、餐饮品种等内容。遇到航班延误，起飞时刻发生变化，供应的餐种也要随之变化。例如，本来应上午 9 点起飞的航班延误至上午 11 点起飞，那么原先配备的点心餐应调整为正餐。乘务员在准备时要有预见性，及时与地面保障部门取得联系，做好餐食调整与准备，适应航班调整的需求。

2）掌握服务要求

乘务员应熟练掌握机供品的供应方法、服务要求和注意事项，保证旅客得到良好的服务体验。如在供餐前啤酒、白葡萄酒时要冰镇，瓷器餐具要事先预热，干冰要在餐食烘烤前取出，毛毯要事先安放在座位上，乘务员要贯彻执行业务部门制定的各项服务要求，体现机供品提升服务价值的作用。

2. 航前仔细清点

机供品由地面工作人员先于机组登机前装载上机，存放于规定的位置。乘务员登机后在完成清点的前提下，与地面工作人员确认签字。清点要注意以下几点。

1）核查铅封

由于航空安全运输的要求，机供品从仓库运输到飞机上必须进行铅封，乘务员要仔细核对铅封号，并对上机的机供品进行全面的安全检查，防止外来物品夹带上机。

2）标准清点

乘务员要根据机供品单据上的配备数量和种类进行核对，避免出现机供品数量的短缺和种类不符的现象，对后续的服务造成影响或航班延误。

3）质量抽查

乘务员要抽查机供品的配机质量，如餐食的有效保质期、外包装的完好和用具的卫生质量等，确保机供品的质量符合健康卫生安全的要求。

3. 加强过站监控

航班在过站期间会对机供品进行配送和增补。乘务员要了解乘机人数临时变化的情况，及时通知地面工作人员做好配送和增补；同时要加强过站期间的监控，防止发生机供品不必要的损耗。

1）旅客人数变化

乘务员要在过站期间及时了解下一航段的旅客人数，一旦发生人数变化，与机供品配备数量不符合，要及时通知地面工作人员进行补充或回退。如果发生旅客大量增加，除了做好餐食的调整外，还需要做好饮料、餐具等用品的补充，保证客舱服务工作正常开展。

2）防止意外损耗

过站期间会有客舱清洁、设备检修等地面人员进入客舱，乘务员要加强机供品的保管和监控，避免发生误将正常的机供品当作废弃物而卸下飞机的现象，不但造成意外的浪费，又会影响后续航班的正常服务。

4. 航后回收交接

结束航班任务前，乘务员要对剩余的机供品进行清点、整理和分类，集中放置在规定的位置并准备填写机供品使用情况清单，在有条件的情况下，做好与地面人员的当面交接工作。

任务 3.3　客舱紧急设备操作与管理

3.3.1　氧气瓶的使用方法及注意事项

波音飞机和空客 A340-300 的氧气瓶容量为 311 L，空客 A319、A320 的氧气瓶容量为 310 L。氧气瓶由两个氧气出口向氧气面罩内输出氧气，分别为高流量出口（HI）：输出流量为 4 L/min，最多可使用 77 min；低流量出口（LO）：输出流量为 2 L/min，最多可使用 155 min。高流量为病人使用，低流量为一般性缺氧时使用。图 3-3 所示为氧气瓶的结构。

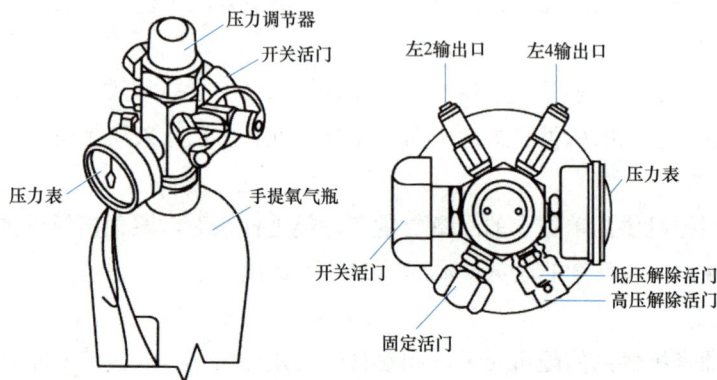

图 3-3　氧气瓶的结构

1. 使用方法

如图 3-4 所示，氧气瓶的使用方法如下。

（1）取出氧气瓶。

（2）根据需要打开其中一个防尘帽（选择高流量或低流量）。

（3）插上氧气面罩。

（4）逆时针打开氧气瓶开关。

（5）检查氧气袋是否充满氧气。

（6）戴上氧气面罩。

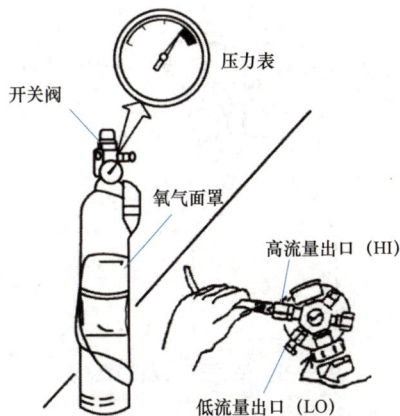

图 3-4　氧气瓶的使用方法

2. 注意事项

使用氧气瓶时的注意事项如下。

（1）用氧周围 4 m 内不能吸烟，应无火源。

（2）避免摔、撞氧气瓶。

（3）避免氧气与油脂接触，擦掉浓重的口红、润肤油。

（4）当压力指针指示为 500 磅/平方英寸时，应禁止使用，以便再次充氧。

（5）肺气肿患者应使用低流量出口的氧气。

3. 航前检查

在航前，应检查机上氧气瓶的位置是否正确，以及是否完好。

（1）与之相配的氧气面罩与氧气瓶是否在一起。

（2）保险丝应完好，开关在"关"位。

（3）压力指针在红色区域。

职业技能大赛试题

2022 年全国高等学校民航服务技能大赛指导版试题

飞行前检查手提式氧气瓶压力指针在（　　　）区域。

A. 红色　　　　　B. 绿色　　　　　C. 白色　　　　　D. 黑色

3.3.2　灭火器的使用方法及注意事项

1. 海伦灭火器

海伦灭火器适应于各种类型（A、B、C、D 类）火灾，最适用于油类、电器类失火事故。图 3-5 所示为海伦灭火器的结构。

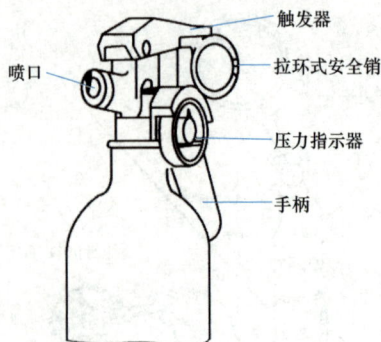

图 3-5　海伦灭火器的结构

1）使用方法

海伦灭火器的使用方法如下。

（1）快速取下安全销（空客机型为打开保险爪）。

（2）垂直握住瓶体。

（3）握住手柄和触发器，喷嘴应对准火源底部边缘。

（4）移动灭火器直喷向火的底部边缘。

2）注意事项

海伦灭火器的使用注意事项如下。

（1）海伦灭火器喷出的是雾，但很快被气化。这种气化物是一种惰性气体，它可以隔离空气使火扑灭，夹层的火很快被扑灭后，而里层仍有余火，所以应随后将火区用水浸透。

（2）瓶体不能横握或倒握。

（3）不能喷射于人的身上，以免窒息。

（4）喷射位置距离火源 2～3 m。

（5）喷射时间约为 10 s（空客机型为 7 s）。

3）航前检查

在航前，应检查灭火器是否完好或是否固定。

（1）灭火器在指定位置并固定好。

（2）安全销穿过手柄和触发器（空客机型为保险爪扣下）。

（3）压力指针应指向绿色区域。

（4）灭火器使用日期应在有效期内。

2. 水灭火器

水灭火器适应于纸、木、布类（A 类）火灾，目前只在波音机型上配备。图 3-6 所示为水灭火器的结构。

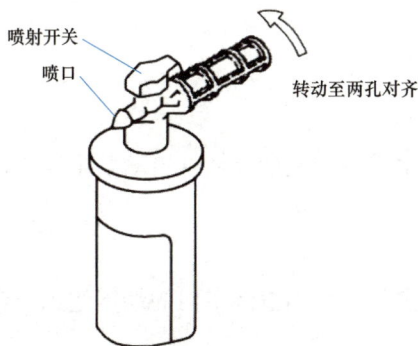

图 3-6　水灭火器的结构

1）使用方法

水灭火器的使用方法如下。

（1）垂直握住瓶体。

（2）向右转动手柄。

（3）按住触发器，喷嘴对准火源底部边缘。

（4）移动灭火器由外向内灭火。

2）注意事项

水灭火器的使用注意事项如下。

（1）不能用于油类及电器类失火。

（2）瓶体不能横握或倒握。

（3）瓶内水中加有防冻剂，不能饮用。

（4）喷射距离应距火源 2～3 m。

（5）喷射时间约为 40 s。

3）航前检查

在航前，应检查水灭火器是否完好或固定。

（1）在指定位置并固定好。

（2）铅封丝应完好，无损坏。

（3）灭火器使用日期应在有效期内。

职业技能大赛试题

2022 年全国高等学校民航服务技能大赛指导版试题

水灭火器的适用范围是（　　　）。

A. 任何类型的失火　　　　　　　　B. 电器失火

C. 纸、木、布及织物等失火　　　　D. 油类物品失火

3.3.3　盥洗室的灭火系统

1. 烟雾报警系统

烟雾报警系统可以尽早地发现突发的火情并自动发出警告，它包括烟雾传感器和信号显示系统。

1）烟雾传感器

烟雾传感器安装在盥洗室顶部，当盥洗室内的烟雾达到一定浓度时，会将信号传给信号显示系统。

2）信号显示系统

信号显示系统位于烟雾传感器的侧面，当烟雾浓度达到一定量时，信号显示系统的红色指示灯闪亮，并发出非常刺耳的蜂鸣声。当需要关断信号显示系统时，按下传感器侧面的按钮或使用尖锐物品（如发夹）按压传感器正面凹陷处的关断按钮，可关闭指示灯及蜂鸣声。

2. 自动灭火系统

（1）工作原理。自动灭火系统的位置位于每个洗手池下方，每个灭火装置包括一个海伦灭火器和两个指向废物箱的喷嘴，平时灭火器是不能轻易看到的。通常情况下，温度显示器为白色，两个喷嘴是用黑色的密封剂封死的。当环境温度达到 77~79 ℃时，温度指示将由白色变为黑色，喷嘴的密封剂会自动溶解，灭火器开始喷射，两个喷嘴将同时向废物箱内喷射海伦灭火剂。当灭火剂释放完毕后，喷嘴尖端的颜色为白色，温度指示则显示为黑色。A340-300 飞机的盥洗室自动灭火系统没有温度指示，其压力指针指向绿色区域为正常。

（2）使用时间。喷射时间为 3~15 s。

（3）航前检查。检查温度显示器应为白色，A340-300 飞机的盥洗室则检查其压力指针，压力指针指向绿色区域为正常。如果不是，则需要报告机长或地面机务人员。

职业技能大赛试题

2022 年全国高等学校民航服务技能大赛指导版试题

烟雾报警系统发生警告时，客舱会出现（　　　）。

A. 低音调 3 声谐音，每 30 秒重复 1 次

B. 相应的呼叫显示系统琥珀色灯闪亮

C. 所有乘务员提示面板上的红灯闪亮且显示相应的盥洗室

D. A、B、C 三项

3.3.4　其他紧急设备

1. 防烟面罩

防烟面罩是用于乘务员和机组人员在客舱封闭区域失火和有浓烟时使用的，它可以保

护灭火者的眼睛和避免吸入有毒气体。图 3-7 所示为防烟面罩的结构。

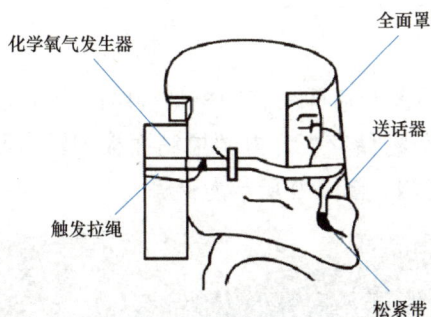

图 3-7　防烟面罩的结构

氧气是靠防烟面罩上的化学氧气发生器提供的，当拉动触发拉绳后，其中的化学元素发生化学反应并释放出热量，即化学氧气发生器中的温度上升，产生氧气。

防烟面罩使用的平均时间为 15 min，呼吸快时可能有灰尘感和咸味，时间要相对短一些。

2. 应急定位发射机

应急定位发射机（emergency locator transmitter，ELT），即应急发报机，也称应急电台，分两种类型：便携式（需要乘务员完成携带操作）和机载固定式。图 3-8 所示为机载固定式应急发报机。民航应急发报机的工作频率为 121.5 MHz、243 MHz 和 406～406.1 MHz。

图 3-8　机载固定式应急发报机

任务 3.4　机上厨房设备操作与管理

厨房设备主要包括断路器、烤箱、烧水器、烧水杯、餐车、电源控制面板、水开关阀门和积水槽等，在每次飞行航前检查时，乘务员都应该逐一确认设备的完好性和可用性，确保餐饮服务得到良好的保证。

3.4.1 厨房概述

厨房通常位于客舱的前面和后面，有的机型客舱的中间也会配备。厨房内有烤箱、烧水杯、烧水器、餐车、杂物储存柜、电源控制面板、厨房照明、积水槽、废物箱等，各厨房还有单独的水开关阀门。图 3-9 所示为厨房。

图 3-9　厨房

3.4.2 厨房设备

1. 断路器

断路器能切断电源，保护电路设备。图 3-10 所示为断路器。

断路器

图 3-10　断路器

1）操作

（1）将黑色按钮拉出可切断电源。

（2）按下黑色按钮可重新接通电源。

2）注意事项

（1）若断路器跳闸，须冷却 3 min 后方可重置。

（2）在重置断路器前应通知驾驶舱。

（3）一旦断路器重置正常，应马上通知驾驶舱和乘务长。

（4）断路器只允许重置一次，不可一直压着断路器，否则会引起火灾。

2. 烤箱

烤箱只可用于加热食物。以图 3-11 所示烤箱为例进行介绍。

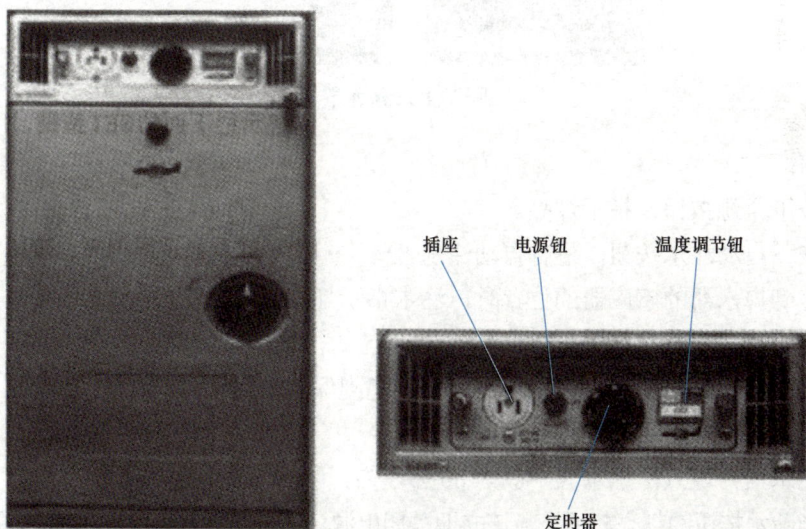

插座　电源钮　温度调节钮　定时器

图 3-11　烤箱

1）操作

（1）将供电方式选择至"OVEN"位置。

（2）调节温度调节钮（左侧 150 ℃，右侧 230 ℃），每按一下可切换温度。

（3）顺时针转动定时器至所需的时间（以分为单位），烤箱开始工作。

（4）当烤制时间结束，定时器自动回转至"0"，把供电方式拨至"OFF"位（OUTLET 为插座位置）。

2）注意事项

（1）在加热前确保烤箱内无任何纸片、纸制品以及干冰。

（2）为防止起火，严禁在烤箱内存放任何服务用器、用具、报纸、餐盒及各类可燃物。

（3）起飞、着陆前关闭电源。

3. 烧水器

烧水器即饮用水加热系统，以图 3-12 所示烧水器为例进行介绍。

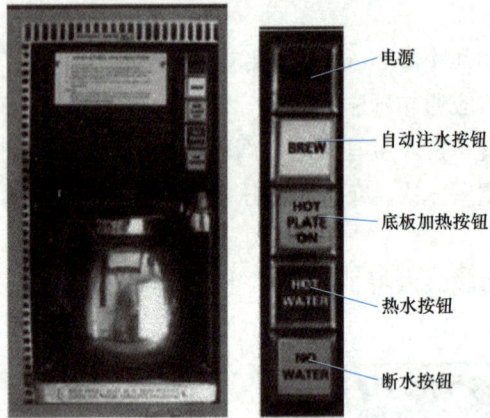

图 3-12　烧水器

1）操作

（1）按下电源按钮，指示灯亮。

（2）按下自动注水按钮，进行自动注水。

（3）达到烧水器的感应器的位置时，注水指示灯熄灭。

（4）可以按热水按钮，放出热水。

（5）按下底板加热按钮，可以加热底板，起到保温作用。

2）注意事项

（1）烧水器内烧煮沸水水温一般为 80 ℃左右。

（2）当断水按钮的灯亮起后，应该立即关闭电源，检查水阀、水量和水压是否正常。

（3）起飞、着陆前关闭电源。

4. 烧水杯

用于烧煮开水。

1）操作

（1）在水杯内加入七八成水，插在电源插座上，扣好保险卡。

（2）旋转定时器或打开开关，接通电源。

2）注意事项

（1）只在水杯内有水时方可通电。

（2）起飞、着陆前关闭电源。

（3）倒空杯内的水，将水杯固定。

5. 餐车

餐车用于存放各类食品、饮料、用具和用品。图 3-13 所示为餐车。

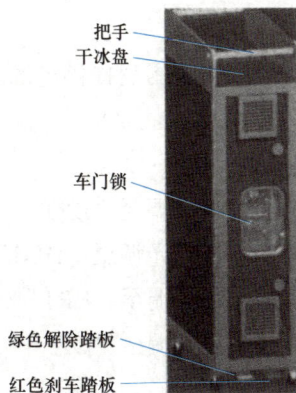

把手
干冰盘
车门锁
绿色解除踏板
红色刹车踏板

图 3-13　餐车

1）种类

餐车分为长车和对半车。

2）操作

（1）打开固定餐车锁扣。

（2）踩踏绿色踏板松开刹车，拉出餐车。

（3）使用餐车服务时打开车门。

3）注意事项

（1）餐车不得用于存放各种试剂、疫苗或其他生物化学制剂、制成品。

（2）餐车必须按规定位置存放。

（3）在地面移动、起飞、着陆前，所有餐车必须存放在规定的位置并固定恰当（不超出规定限载重量），车门锁紧踩好刹车，并被锁扣固定。

（4）所有餐车推出客舱时，必须有人监管；只要餐车在停止状态，必须踩下刹车。

（5）所有餐车使用完毕后必须重新收回并固定。

6. 电源控制面板

电源控制面板主要由厨房照明、断路器和开关组成。图 3-14 所示为电源控制面板。

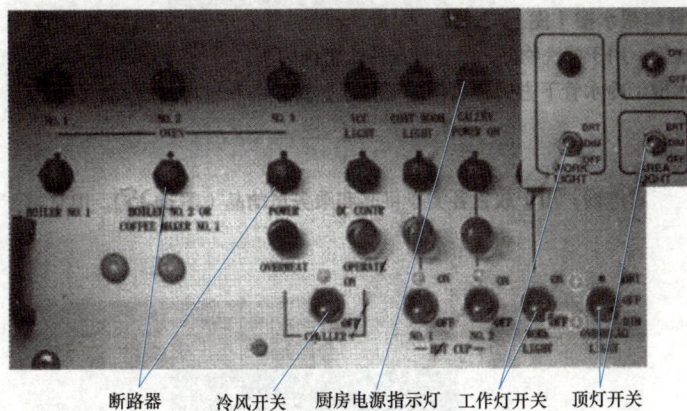

断路器　　冷风开关　　厨房电源指示灯　　工作灯开关　　顶灯开关

图 3-14　电源控制面板

111

1）厨房电源

驾驶舱的厨房电源电门接通时，才可给厨房提供电源。飞行中，有效的交流电源只有一台发动机时，厨房电源将自动切断。

2）厨房灯光

（1）旅客登机、下机时，厨房顶灯灯光调至"BRT"（高）档。

（2）飞机起飞、下降期间，厨房顶灯灯光调至"DIM"（暗）档。

（3）起飞后，工作期间，厨房顶灯灯光调至"BRT"（高）档。

（4）夜航飞行值班期间，厨房顶灯灯光调至"OFF"（关）档，打开工作灯。

7. 水开关阀门

每一个厨房均有一个水开关阀门。开关指向"ON"位时，水阀打开，开关指向"OFF"位时，水阀关闭。图 3-15 所示为水开关阀门。

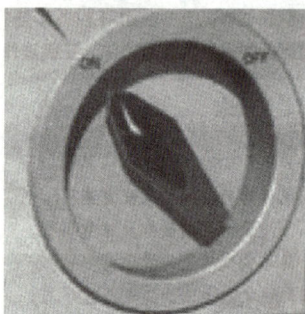

图 3-15　水开关阀门

8. 冷水管和积水槽

图 3-16 所示为冷水管和积水槽。

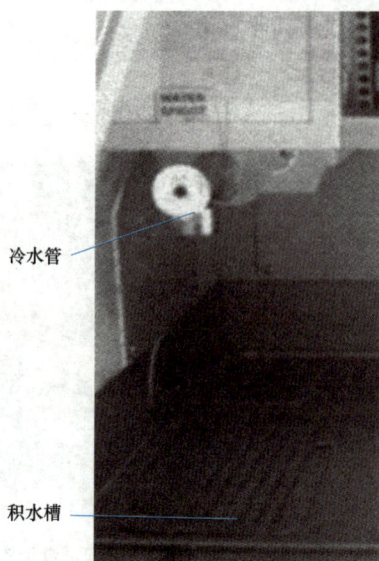

冷水管

积水槽

图 3-16　冷水管和积水槽

（1）冷水管用于清洗物品，禁止饮用冷水管内的水。

（2）积水槽位于冷水管下方，用于排水，禁止向积水槽内倒入牛奶、果汁、咖啡等液体，防止堵塞。

9. 储物柜

储物柜位于厨房内，用于放置各类机供品和乘务员物品。用完后要及时关闭储物柜门并扣好。

10. 废物箱

废物箱用来存放垃圾，不使用时应该保持废物箱的盖板关闭。

任务 3.5　机上盥洗室管理

3.5.1　盥洗室

盥洗室内包括抽水马桶、洗漱池、镜子、客舱扬声器、乘务员呼叫电门、水箱、水加热器、供水阀门、排污系统、烟雾探测器、灭火设备、废物箱、氧气面罩等。图 3-17 所示为盥洗室。

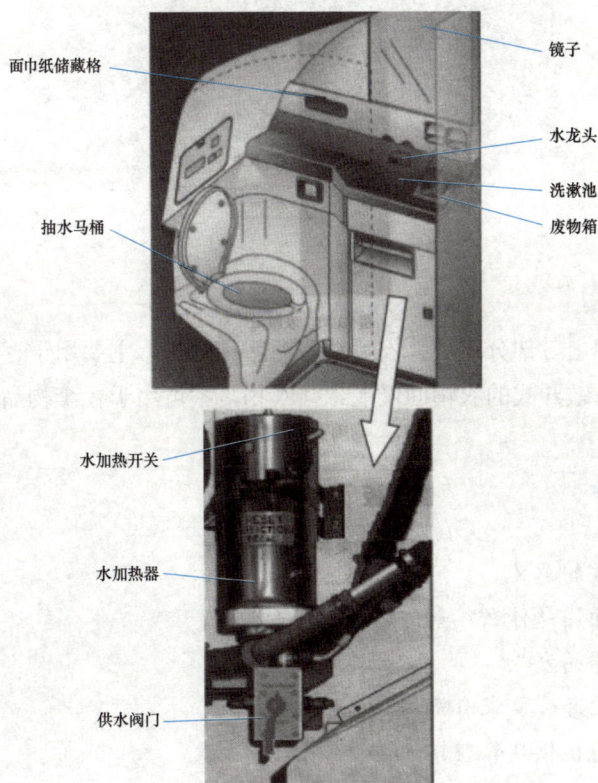

图 3-17　盥洗室

（1）水加热器。盥洗室可提供冷、热用水。每个洗漱池下都安装有 420 W 的水加热器，可以使水温保持在 52～56 ℃。水加热器的电源接通且正常工作时，位于水加热器顶部的琥珀色指示灯亮。水加热器控制电门与水加热器琥珀色指示灯相邻。

（2）废物箱。废物箱盖板有隔绝空气阻燃的作用，复位弹簧应处于完好状态。

（3）排污系统。盥洗室内洗漱池的排水通过加温的排放管排向机外。抽水马桶冲洗后的废水，排放到位于货舱夹层内，可容纳 60 加仑（1 加仑=0.003 79 m³）废水的废水箱。飞行高度低于 4 800 m 时，排污系统利用真空泵收集废水，并贮存于废水箱；飞行高度高于 4 800 m 时，系统将利用客舱与外界压差，使废水排放到废水箱。

（4）氧气面罩。当出现释压，客舱高度达到 14 000 英尺（1 英尺=0.304 8 m）时，氧气面罩自动脱落，盥洗室的"返回座位"灯不亮。每个盥洗室有 2 个氧气面罩。图 3-18 所示为氧气面罩的位置。

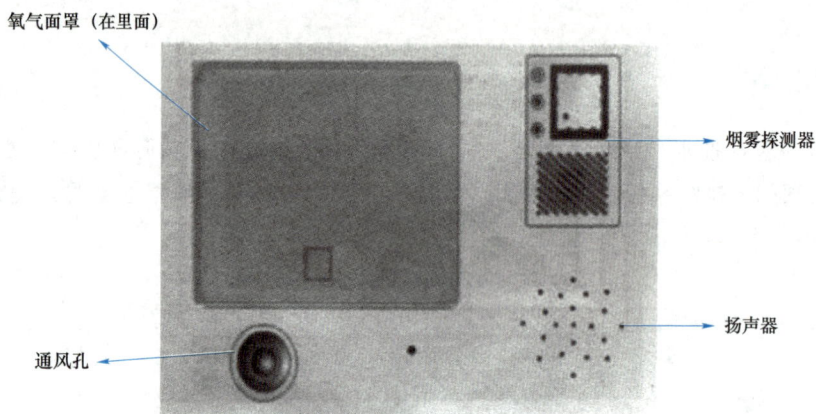

图 3-18　氧气面罩的位置

3.5.2　衣帽间

飞机上的衣帽间由三部分组成：衣帽架、照明和锁扣，主要用于存贮衣服。需要注意的是：敞开式的衣帽间仅能悬挂衣物，不可用于行李物品的存贮。

🔷 思考与练习

1. 简述客舱管理的意义。
2. 冲突产生的原因是什么？如何解决冲突？
3. 如何预防差错的发生？
4. 旅客管理的内容和要求有哪些？
5. 简述如何实现机供品管理精细化。
6. 当没有餐食可供旅客选择时，该如何处理？

项目 4

国际航班服务

思政教育目标

通过学习国际航班服务知识与技能，树立维护国家尊严、展现中国民航职工风采、为国争光的意识。

知识技能目标

◎了解国际航班相关定义和内容。

◎了解海关、移民局和检疫的定义。

◎了解免税品服务的要求。

◎了解国际航班服务注意事项。

项目导引

服务用心 运行有序 国航以金牌标准奉献"两奥双保障"

2022年2月21日中午，日本成田国际机场变得紧张而繁忙。伴随中国国际航空股份有限公司（以下简称"国航"）一架大型客机的降落，刚刚参加完北京冬奥会的216名各国运动员、官员、记者及相关人士抵达机场，在此分别转机回国。基于疫情防控，各项旅行手续的办理较平日更为复杂，但在国航工作人员的安排下，一切显得井然有序，很快便顺利办理好了转乘6家其他航空公司航班的手续。从2021年8月东京奥运会到2022年2月北京冬奥会，短短半年内，国航日本地区总部承担了"两奥双保障"的重任。在此期间，国航人努力克服了新冠疫情的影响，为奥运保障提供了安全、优质、高效的服务。

任务 4.1　国际航班基础知识

　　国际航班与国内航班存在着航程时间长、机型大、要遵守的法规多、对乘务员技能要求更高的差异特点。执行国际航班的乘务员要掌握国际航班的相关定义，了解海关、检疫和移民局的规定，了解民航相关组织，学习相关外交名词，体现中国乘务员的职业素养和职业技能。

4.1.1　国际航班相关内容

　　（1）国际航线。国际航线是指飞行路线起止点、经停点不在同一国家的航线。

　　（2）地区航线。目前我国的地区航线特指内地与香港特别行政区、澳门特别行政区及大陆与台湾地区之间飞行的航线。

　　（3）通关。通关是指进出境旅客向海关申报，海关依法查验行李物品并办理进出境物品征税或免税验放手续，或其他有关监管手续的总称。

　　（4）申报。申报是指进出境旅客为履行《中华人民共和国海关法》规定的义务，对其携运进出境的行李物品实际情况依法向海关所作的书面申明。

　　（5）海关。海关是国家的进出关境监督管理机关。

　　（6）边防。边防是指对出入国境人员的护照、证件、签证、出入境卡、出入境人员携带的行李物品和财物的检查。

　　（7）检疫。检疫是指对出入境人员依法实施如下主要卫生检疫内容：入境、出境的微生物、人体组织、生物制品、唾液及其制品等特殊物品的携带人、托运人或者邮递人必须向卫生检疫机关申报并接受卫生检疫，未经卫生检疫机关许可，不准入境、出境。海关凭卫生检疫机关签发的特殊物品审批单放行。

　　（8）出入境卡。出入境卡包含航班号、来自何处、全名、姓、出生日期和地点、性别、职业、国籍、所在国家的地址、家庭地址、护照号码，有的还要填写邀请单位或个人的住址及电话号码。本人签字。出入境卡填写姓名要用外文大写字母，无论前往哪个国家均可用英文填写。

4.1.2　国际航班相关法规

1.《中华人民共和国海关法》相关规定

　　第八条　进出境运输工具、货物、物品，必须通过设立海关的地点进境或者出境。在特殊情况下，需要经过未设立海关的地点临时进境或者出境的，必须经国务院或者国务院授权的机关批准，并依照本法规定办理海关手续。

　　第十四条　进出境运输工具到达或者驶离设立海关的地点时，运输工具负责人应当向海关如实申报，交验单证，并接受海关监管和检查。

停留在设立海关的地点的进出境运输工具，未经海关同意，不得擅自驶离。

进出境运输工具从一个设立海关的地点驶往另一个设立海关的地点的，应当符合海关监管要求，办理海关手续，未办结海关手续的，不得改驶境外。

第十五条　进境运输工具在进境以后向海关申报以前，出境运输工具在办结海关手续以后出境以前，应当按照交通主管机关规定的路线行进；交通主管机关没有规定的，由海关指定。

第十六条　进出境船舶、火车、航空器到达和驶离时间、停留地点、停留期间更换地点以及装卸货物、物品时间，运输工具负责人或者有关交通运输部门应当事先通知海关。

第十七条　运输工具装卸进出境货物、物品或者上下进出境旅客，应当接受海关监管。

货物、物品装卸完毕，运输工具负责人应当向海关递交反映实际装卸情况的交接单据和记录。

上下进出境运输工具的人员携带物品的，应当向海关如实申报，并接受海关检查。

第十八条　海关检查进出境运输工具时，运输工具负责人应当到场，并根据海关的要求开启舱室、房间、车门；有走私嫌疑的，并应当开拆可能藏匿走私货物、物品的部位，搬移货物、物料。

海关根据工作需要，可以派员随运输工具执行职务，运输工具负责人应当提供方便。

第四十六条　个人携带进出境的行李物品、邮寄进出境的物品，应当以自用、合理数量为限，并接受海关监管。

第四十七条　进出境物品的所有人应当向海关如实申报，并接受海关查验。海关加施的封志，任何人不得擅自开启或者损毁。

第八十二条　违反本法及有关法律、行政法规，逃避海关监管，偷逃应纳税款、逃避国家有关进出境的禁止性或者限制性管理，有下列情形之一的，是走私行为：

（一）运输、携带、邮寄国家禁止或者限制进出境货物、物品或者依法应当缴纳税款的货物、物品进出境的；

（二）未经海关许可并且未缴纳应纳税款、交验有关许可证件，擅自将保税货物、特定减免税货物以及其他海关监管货物、物品、进境的境外运输工具，在境内销售的；

（三）有逃避海关监管，构成走私的其他行为的。

有前款所列行为之一，尚不构成犯罪的，由海关没收走私货物、物品及违法所得，可以并处罚款；专门或者多次用于掩护走私的货物、物品，专门或者多次用于走私的运输工具，予以没收，藏匿走私货物、物品的特制设备，责令拆毁或者没收。

有第一款所列行为之一，构成犯罪的，依法追究刑事责任。

第八十三条　有下列行为之一的，按走私行为论处，依照本法第八十二条的规定处罚：

（一）直接向走私人非法收购走私进口的货物、物品的；

（二）在内海、领海、界河、界湖，船舶及所载人员运输、收购、贩卖国家禁止或者限制进出境的货物、物品，或者运输、收购、贩卖依法应当缴纳税款的货物，没有合法证明的。

2.《中华人民共和国海关关于进出境旅客通关的规定》相关规定

第三条　按规定应向海关办理申报手续的进出境旅客通关时，应首先在申报台前向海关递交《中华人民共和国海关进出境旅客行李物品申报单》或海关规定的其他申报单证，如实申报其所携运进出境的行李物品。

进出境旅客对其携运的行李物品以上述以外的其他任何方式或在其他任何时间、地点所做出的申明，海关均不视为申报。

第四条　申报手续应由旅客本人填写申报单证向海关办理，如委托他人办理，应由本人在申报单证上签字。接受委托办理申报手续的代理人应当遵守本规定对其委托人的各项规定，并承担相应的法律责任。

第五条　旅客向海关申报时，应主动出示本人的有效进出境旅行证件和身份证件，并交验中华人民共和国有关主管部门签发的准许有关物品进出境的证明、商业单证及其他必备文件。

第六条　经海关办理手续并签章交由旅客收执的申报单副本或专用申报单证，在有效期内或在海关监管时限内，旅客应妥善保存，并在申请提取分离运输行李物品或购买征、免税外汇商品或办理其他有关手续时，主动向海关出示。

第七条　在海关监管场所，海关在通道内设置专用申报台供旅客办理有关进出境物品的申报手续。

经中华人民共和国海关总署批准实施双通道制的海关监管场所，海关设置"申报"通道（又称"红色通道"）和"无申报"通道（又称"绿色通道"）供进出境旅客依本规定选择。

3.《中华人民共和国出入境边防检查条例》相关规定

第八条　出境、入境的人员有下列情形之一的，边防检查站有权阻止其出境、入境：

（一）未持出境、入境证件的；

（二）持有无效出境、入境证件的；

（三）持用他人出境、入境证件的；

（四）持用伪造或者涂改的出境、入境证件的；

（五）拒绝接受边防检查的；

（六）未在限定口岸通行的；

（七）国务院公安部门、国家安全部门通知不准出境、入境的；

（八）法律、行政法规规定不准出境、入境的。

出境、入境的人员有前款第（三）项、第（四）项或者中国公民有前款第（七）项、第（八）项所列情形之一的，边防检查站可以扣留或者收缴其出境、入境证件。

第十七条　交通运输工具的负责人或者有关交通运输部门，应当事先将出境、入境的船舶、航空器、火车离、抵口岸的时间、停留地点和载运人员、货物情况，向有关的边防检查站报告。

交通运输工具抵达口岸时，船长、机长或者其代理人必须向边防检查站申报员工和旅客的名单；列车长及其他交通运输工具的负责人必须申报员工和旅客的人数。

第三十七条　交通运输工具有下列情形之一的，对其负责人处以 10 000 元以上 30 000 元以下的罚款：

（一）离、抵口岸时，未经边防检查站同意，擅自出境、入境的；

（二）未按照规定向边防检查站申报员工、旅客和货物情况的，或者拒绝协助检查的；

（三）交通运输工具在入境后到入境检查前、出境检查后到出境前，未经边防检查站许可，上下人员、装卸物品的。

4.1.3　外交名词简介

1. 大使

大使全称特命全权大使，是最高的驻外使节，是以国家的名义派驻另一国的全权代表，可以随时请见驻在国的元首，他享有比其他代表更大的尊严。

大使的主要职责是促进两国关系的正常发展，研究驻在国的情况和内外政策，保护本国国家利益和自然人及法人的利益。

大使享有代表本国进行外事活动的权力，享有外交豁免权和外交优遇。同时也有尊重驻在国法律秩序、风俗和遵守不干涉该国内政原则的义务。

2. 公使

公使全称为特命全权公使，是等级仅次于大使的外交代表，关于公使的特权、义务和基本职责参见大使条。

3. 外交官

外交官是由政府授权与外国代表进行谈判或发生外交关系的人员，包括大使、公使、代办、参赞、秘书、随员以及海陆空军武官、商务代表等，外交官在驻在国享有某种特权和优遇。

4. 外交邮袋

一国政府与该国驻外代表机构间往来的一切文件置于特制的口袋中，严密加封，外盖火漆或铅封印记，这种口袋称为外交邮袋。

5. 外交信使

外交信使即外交递信员，是政府委派递交信件的人员。根据国际法和国际惯例，外交信使不可侵犯，不受拘留、逮捕、搜查和外交法律裁判，所携带外交邮袋不可侵犯，外国政府应给予外交信使以保护和帮助。

6. 外交特权

外交特权是一国赋予驻在本国境内的外交官的特殊权力或优遇，包括人身和住所不可侵犯，刑事、民事和行政等不可裁判及特别豁免，此外还享有通信自由。除外交代表外，外国元首和政府首脑也享有各种特权。

7. 代办

代办是低于大使和公使级的外交代表，代办是由外交部部长向驻在国外交部部长派遣，当大使或公使有病或离任时，用使馆正式人员中等级最高者代理职务，代理者称临时代办。

8. 武官

大使馆或公使馆的武官，是本国军事主管机关向驻在国军事主管派遣的代表。

武官的任务是实现两国主管机关之间的经常联系，武官同时又是外交代表在军事上的顾问，在军事性质的检阅、演习等典礼上，武官代表本国的军队和本国的军事主管机关，武官的外交等级在参赞之后。

9. 特使

一个国家或国家元首派遣赴他国有特殊使命的短期的使节，这些使节通常是礼节性的，如参加加冕、大庆、元首丧葬、祝贺和通知非常重要的事件等。

10. 领事

一国根据同另一国政府的协议，可派遣领事，驻在对方国家的一定地区，负责办理有关侨务及其他领事业务。领事受本国外交部及本国派遣驻该国的外交代表的国家和地区，领事的职权在很多地方同外交代表相似。

4.1.4 CIQ 的定义

1. 海关（customs）

设在口岸的海关是海关派驻机构。海关依照海关法和其他有关部门法律法规对进出境物品进行监管，其目的是在方便合法进出和正常往来的同时，防止和禁止借进出境物品为名，非法进行走私违法活动。

2. 移民局（immigration）

设在口岸的移民局，依据各国有关公民出/入境管理办法及有关部门法规，规定实施边防检查手续。所有进出境人员必须办妥出/入境手续后，才能获许进境或出境。

3. 检疫（quarantine）

设在口岸的卫生检疫局是国家卫生管理部门的派驻机构，对出入境人员、动植物及所有货物进行卫生检查，控制传染病传入或传出。

4. 世界各国（地区）办理出入境手续顺序

出境：Q—C—I。

入境：Q—I—C。

4.1.5 国际航班注意事项

乘务员执行国际航班来往于各个同家之间，应严格遵守各国的 CIQ 规定，尊重他国的宗教信仰和风俗习惯，乘务员要始终牢记：个人的言行举止代表着国家形象和国民素养。

1. 航班管理要求

1）做好文件交接

乘务长要认真与地面工作人员做好国际航班文件的交接工作，一般包括总申报单（简称 GD 单）、旅客名单、卫生检疫放行单、舱单、货单和票证单据等，具有严肃性和法规性要求。一旦发生遗漏或者错误，可能会造成航班滞留等待，甚至旅客无法入境的后果。要确认文件数量和日期、航班号，避免发生遗漏和错收文件的情况。

2）加强证件管理

护照、通行证等证件是执行国际（地区）航线乘务员的身份证明，在每一次执行国际航班任务时都必须携带，在办理出入境相关手续过程中，乘务员应自觉出示证件并接受机场官员检查。乘务员在国外要认真保管各类证件、护照和通行证，航班任务结束后必须归还。

3）遵守规章制度

执行国际航班的乘务员要认真掌握各国 CIQ 规定，严格遵守各国法规、职业道德和外事纪律，不得接受境外色情刊物、书报等宣传品，不得围观反动团体的宣传活动，不得参加境外社团集会、赌博等活动；要友善礼貌，尊重当地的工作人员，始终维护国家形象，体现中华民族精神和乘务员良好的职业形象。

执行驻外航班的乘务员在驻外期间必须服从机长的领导，严禁单独外出，如需外出应得到机长同意，回到驻地后及时销假。

2. 尊重各国文化习俗

中国有句俗话：入乡随俗。世界各国风俗习惯繁多，乘务员执行国际航班要事先了解所到达国家的政治、经济、文化及风俗习惯，要注意尊重各国的风俗习惯和宗教信仰。

任务 4.2 免税品服务

免税品是国际航班特有的空中服务项目，是旅客享受相关免税待遇的权力。乘务员要了解免税品服务的意义，做好免税品销售服务，让旅客满意，让公司获利。

4.2.1 免税品服务的意义

1. 定义

免税品英文名为 duty-free，免税品服务是由航空公司在国际航班上为旅客提供物超所值的免税品购物服务，所有商品都以低于市价的免税价格出售的服务项目。

2. 意义

（1）方便旅客，完善空中服务项目。很多航空公司都有自己的免税品服务，因为免税品服务能丰富旅客的旅途生活。由于销售的都是相同品牌的产品，而且机上旅客的平均收入通常较普通人更高一些，因此更为便宜的机上免税品自然而然地得到了旅客的青睐。

登机后旅客可以阅读座椅口袋内的精美机上免税品购物指南，从容不迫地轻松购物，从中挑选心仪的商品。由于机上提供现金、刷卡消费等多种付款途径，所以免税品服务因其便捷快速而受到旅客的欢迎。

（2）创造效益，增加航空公司收入。飞机上免税品服务的良好开展，不管从经济角度还是机上服务水平拓展的范围上，都是一项利润颇丰的业务。一方面空中乘务员通过销售免税品，加强了与旅客的交流，提高了空中服务水平；另一方面免税品销售的平均利润率超过了正常的零售业务，为航空公司创造了良好的经济效益。

例如，西班牙伊比利亚航空公司选择了通过外包形式实现免税品销售。自从该公司与"免税世界"（Duty Free World）公司签订了合作协议，由后者管理公司的机上免税店以来，每年的免税品销售额超过 1 420 万美元。

（3）打造品牌，提升旅客满意度。越来越多的航空公司清醒地意识到，免税品服务可以打造品牌，值得进一步大力拓展。例如，新加坡航空公司的名酒销售、大韩航空的红参销售都已经成为服务品牌。免税品服务应该是国际航班上丰富旅客生活的最佳方式之一，可有效提升旅客对航空公司的服务满意度。

4.2.2 免税品服务的要求

1. 航前准备

（1）航前应由乘务长指定 2 名乘务员负责免税品销售。

（2）乘务员要检查免税品车铅封是否完整无损，确认铅封号与核单表（机上免税品出售后填写的表格，用于海关核销进口免税品）一致后，方可打开免税品车。

（3）乘务员应与地面有关人员按核销单进行逐一清点，确认外包装完好、数量正确和当日货币牌价的汇率。

（4）乘务员应对备用金进行清点，做好对销售辅助用品（如 POS 机、打印纸、电池板、计算器、塑封袋、铅封、小折页等）的清点。

（5）核对完毕，乘务员对免税品车进行上锁并铅封放置在规定位置。

2. 机上免税品销售服务

（1）免税品目录应事先插放在旅客座椅袋内，销售服务前应广播介绍免税品的种类及规定使用的货币。

（2）乘务员在销售时要提供免税品价格表，介绍免税品的品牌、产地等，供旅客选购时参考。

（3）乘务员免税品销售推车应由前向后移动，所有免税品必须商标朝旅客，摆放整齐。

（4）销售时，按当天汇率准确计算、收取免税品货款。乘务员应具备识别假币的能力。

3. 销售完毕

（1）负责销售的乘务员要在落地前完成销售账目核算，将免税品车内物品的数量、种类、铅封号及存放位置记录交给乘务长。

（2）乘务长在填好的核销表上签名，将乘务联留底备查，并妥善保管免税品车锁钥匙。

（3）在境外过夜航班，应按照规定要求做好与下一机组的交接，如果没有航班衔接，应指定专人保管账目、现金，免税品车必须上锁和铅封。

4. 收款方式

机上免税品收款方式有三种：现金、信用卡和旅行支票。

1）现金收款

机上免税品销售接受人民币、美元、日元、韩元、欧元、港元，可为旅客填开收据。

2）信用卡收款

（1）机上一般收四种信用卡，分别为 AMERICAN EXPRESS-AE（美国运通卡）、JAPAN CREDIT-JCB（日本 JCB 卡）、VISA CARD（维萨卡）、MASTER CARD-MASKA（万事达卡）。图 4-1 所示为机上可接受信用卡。

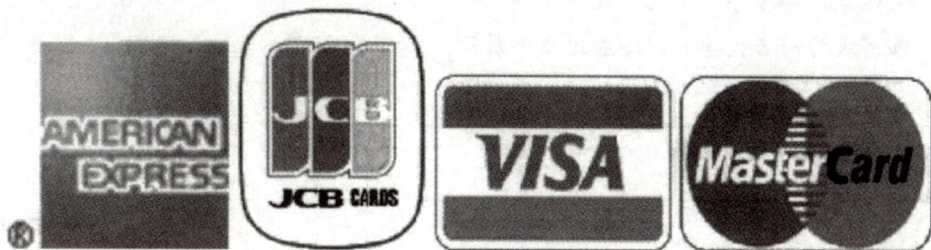

图 4-1　机上可接受信用卡

（2）乘务员要掌握 POS 机的使用方法，事先录入航班号，熟悉各类免税品标号。

（3）在进行信用卡收款时，首先核对信用卡左下方的有效期，在近有效期 15 天内不能使用。

（4）刷卡前乘务员必须比对信用卡姓名与护照姓名、旅客签名是否一致，只限旅客使用本人卡，一个人只能刷一张卡。

（5）使用信用卡金额的上限是 360 美元，两舱旅客的上限是 500 美元。

3）旅行支票

（1）目前机上仅限于使用美元支票 TRACELLERS CHECKS。

（2）乘务员应确认支票上方是否有旅客签名，支票下方的签名处应是空白，否则该张支票不能使用。

（3）旅客签名后要核实两次签名的笔体是否一致，如字迹不清可核对护照上的签名。

（4）乘务员检查签名的同时，将旅客的护照号码和国籍、出生年月填写在支票后面。

4.2.3　免税品服务的注意事项

（1）广播通知。机上提供免税品服务前应广播通知旅客。

（2）两舱优先。两舱旅客可以优先购买，由乘务员向旅客进行介绍，免税品车不得进入两舱区域。

（3）环境控制。乘务员在进行免税品销售服务时应避免大声喧哗；夜间飞行时销售服务时间不宜过长，以免影响旅客休息。

（4）清账仔细。负责销售的 2 名乘务员要熟悉当日比价，必须共同结算，并保证货物、金额无误后签名，不收太脏、太破、字迹模糊的货币及残币。

（5）遵守规定。乘务员要掌握各国海关规定，在各国境内飞行期间、地面等待期间不得销售机上免税品。未经当地海关许可，不得打开免税车。

思考与练习

1. 简述执行国际航班的注意事项。
2. 做好免税品服务的意义是什么？
3. 简述免税品服务的流程和注意事项。
4. 如何成为一名合格的国际航班乘务员？

项目 5

民航客舱服务沟通技巧、
旅客表扬与投诉

思政教育目标

通过学习民航客舱服务沟通技巧、旅客表扬与投诉知识技能，培养学生任劳任怨、爱岗敬业的职业精神。

知识技能目标

◎熟悉沟通的目的和意义。
◎掌握沟通的途径和方法。
◎准确把握沟通原则，适时运用沟通技巧。
◎掌握表扬的作用以及如何接受表扬。
◎了解投诉的影响与现场投诉的一般处置流程。
◎熟悉投诉的处置原则，掌握相关处置方法。

项目导引

对乘务人员的表扬信

××航空公司：

本人对贵公司 7 月 25 日 9C8950 航班（深圳—上海）乘务长褚振婷以及整个乘务组给予最高的评价，表达最真诚的感谢！

本人因公出差预定了 7 月 25 日 9C8950 航班返回上海，但航班的起飞时间从原定 20:30 延误至 00:20，整整延误了 4 个小时！航班 00:00 开始登机，乘务组在机舱门口微笑着欢迎每位乘客。上机后发现整个机组的精神面貌都很好，看不出有丝毫的疲倦感。关闭舱门后乘务长对于航班的延误向旅客广播致歉，并要求乘务员们维持好客舱的正常秩序。同时注意观察旅客的需求，而且不经意中听到乘务长叮嘱其他乘务员要叮嘱下带小孩的旅客。

飞机在上海虹桥机场落地后，乘务长再次对于航班延误表示深深的歉意。在这个过程中，我的内心由着急、焦虑到放松、平复再到感恩、感动，贵公司的褚振婷乘务长给了我们最需要的帮助！她亲和的微笑、温馨的语言安抚了我们的情绪，她采取的方法、给予的帮助赢得了我们的信任！

我们真的很感动，真的很感谢她。今特此向褚振婷同志致以我最衷心的感谢！望贵公司能帮助转达，并对其予以表扬。春秋航空有如此心系旅客的员工，公司怎能不前进！希望今后春秋航空多一些像褚振婷一样的优秀员工。祝好人一生平安，也祝春秋航空蒸蒸日上，兴旺发达。

　　此致
敬礼！

××

20××年××月××日

任务 5.1　民航客舱服务沟通技巧

5.1.1　沟通的目的与意义

什么是沟通？沟通的一般定义是为实现设定的目标，将信息、思想、感情在个人或群体间传递，并且达成共识取得理解的过程。"沟通"一词，汉语的原意是指通过挖沟开渠使不同水系相互流通畅达。美国著名管理学家、社会科学家赫伯特·西蒙认为，沟通"可视为任何一种程序，借此程序，组织中的每一成员，将其所决定的意见或前提，传送给其他有关成员"。

研究发现，沟通在人的社会生活中占有重要地位。人在生活中，大约有70%的时间都在进行着各种各样的沟通。沟通不仅影响着我们的生活，更影响着我们的工作。对每一行业来说，沟通都无处不在。同事之间的交流、合作离不开有效沟通。通过有效沟通能够了解客户信息、正确传达自己的想法，帮助企业成功地保持与客户的关系，维持客户的忠诚度，从而为企业创造更大的价值。服务也是一种沟通，它的结果可以产生一种认同、一份理解，达成服务合作、创造共赢的和谐局面。

在乘务工作中，沟通时时刻刻都在发生，主要通过语言沟通和非语言沟通形式进行，存在于机组成员之间、乘务员与旅客之间、机组与地面服务保障人员之间。

1. 沟通的重要性

对乘务员而言，沟通是一项技能，是对自身知识能力、表达能力、行为能力的发挥；沟通也是实施客舱管理的重要工具，通过进行有效的沟通，可以发挥机组团队合作的力量，加强空地配合；沟通也可以增进乘务员与旅客之间的了解和感情，形成和谐的客舱氛围。

下面我们将根据沟通对象的不同，分别阐述沟通的重要性。

1）机组成员之间的沟通

机组成员是保证航班安全运行、优质服务的执行者和实现者。要达到高质量的航班运行目标离不开机组成员之间的高度协同和配合。由于每一个航班上的机组成员不是一成不变的，同事之间有的彼此熟悉，有的难免生疏。因此，要加强机组成员之间的沟通，共同协调好内部资源，提高航班执行力。

（1）与飞行机组的沟通。飞行员和乘务员既是航班运行过程中职责不同的两个单体，又是一个不可分割的整体，创造一个团结和谐的团队是保证航班安全运行和优质服务的重要前提。

1979年，美国国家航空航天局（NASA）首次提出了驾驶舱资源管理的理念。最初的驾驶舱资源管理主要关注的是驾驶舱内的飞行机组人员的表现。然而，在一些重大航空事故的调查过程中，专家们发现飞行机组与乘务组缺乏有效的沟通与配合是导致发生航空事故的主要原因之一。在某些情况下，缺乏有效的机组沟通是影响飞行安全的一个潜在不利因素。

飞行机组与乘务组之间的沟通，主要包括以下几种。

① 直接准备阶段。在旅客登机前，飞行机组与乘务组之间要召开航前协同会，机长与全体机组成员就航班相关的信息进行沟通，并提出具体工作和配合要求，达成共识。一般航前协同会涉及的沟通内容有：

a）机组介绍；

b）航路天气情况、颠簸发生的区域、时间、程度和处置要求，以及目的地机场天气状况等；

c）起飞机场的预计滑行时间；

d）进出驾驶舱的信号及联络方式；

e）起飞和下降时客舱准备工作完成情况的沟通方式；

f）汇报客舱应急设备检查情况和清舱检查的结果；

g）空防预案；

h）回顾并确认各项紧急撤离程序中机组协同的内容。

航前协同会明确了机组成员的任务、职责、要求和联络方式，对于航班的安全运行来说是至关重要的。

② 飞行实施阶段。在飞行实施阶段，无论是正常情况下还是遇有突发情况，乘务组与飞行机组的沟通都尤为重要。

在正常情况下，乘务组加强与飞行机组的沟通和协调，主动取得飞行机组对服务工作的支持和配合。例如，客舱温度的调整，第一时间通报起飞时间、落地时间和目的地温度，在空中将特殊旅客需求（如轮椅的呼叫）及时传达给目的地机场的相关部门等，为客舱服务工作提供了较大便利和有效保障。

遇有突发情况，例如，飞行过程中，旅客突发危及生命安全的疾病需要救治，乘务员要及时将旅客的情况报告机长，以争取机长在第一时间内取得与地面的联系，在就近的机场备降，赢得宝贵的营救时间；又如，当发生重大不安全事件、需要实施紧急撤离时，乘务组与飞行机组要进行及时沟通，明确撤离的相关信息，准确地传递信息才能保证客舱准备的有效实施。

（2）乘务员之间的沟通。乘务员之间的沟通是做好客舱服务、保证航班安全运行的最重要的基础和前提。其中航前准备会是乘务员之间进行有效沟通的第一时机。在准备会上，通过组员之间自我介绍的方式，可以增进相互之间的了解，促进团队凝聚力形成，为航班工作的顺利展开打好基础。飞行实施阶段是体现乘务组团队服务配合高效的重要环节，其前提也离不开乘务员之间的充分沟通。例如，当飞机上有特殊旅客时，负责服务的区域乘务员应将信息告知其他乘务员，以便她们在服务过程中，也能及时关注该旅客，并提供适时的服务，通过协同，为特殊旅客提供更周到的服务；飞行讲评阶段是乘务员之间沟通的"收尾"环节，乘务长要对整个航班飞行情况进行分析点评。通过回顾、总结来巩固成绩，找出差距，制定整改措施，不断提高航班运行和服务品质。

（3）与空警（安全员）的沟通。乘务组与空警（安全员）之间的沟通是确保客舱安全不可忽视的重要方面。遇有突发情况时，双方的沟通可以使乘务员与空警（安全员）默契地配合，有效控制局面。

2）乘务员与旅客之间的沟通

乘务员为旅客服务的过程就是沟通的过程。沟通有利于创造服务机会，提升服务品质。通过有效沟通不但可以提高乘务员的综合服务能力和服务水平，也可以提高旅客满意度。

旅客来到陌生的环境，有时难免会感到紧张或拘谨。乘务员作为客舱的主人，通过沟通可以让旅客在交流中放松心情，激发旅客对企业的关注和乘机的兴趣，营造愉悦的客舱氛围。一般来说，客舱内沟通的主导方是乘务员，因此，乘务员要主动了解旅客的"心意"，并尽可能给予满足，从而达成与旅客之间良好的感情沟通。

然而，乘务员与旅客之间大多是初次见面，沟通中最大的障碍就在于不了解对方，在交谈时首先要解决的问题便是尽快熟悉对方，消除陌生感。乘务员可先行自我介绍，再请教对方的姓名、职业等，然后试探性地引出彼此都感兴趣的话题。话题的选择相当重要，选择一个好的话题，往往能创造良好的交谈氛围，取得理想的沟通效果。乘务员应凭借自身丰富的服务经验与知识内涵，针对不同旅客挑选合适的话题。例如：两舱旅客一般对国内外新闻、政治、经济、社会问题比较感兴趣；经济舱旅客比较关心旅游、体育、民生等。在沟通中不宜谈论个人隐私（如旅客的年龄、婚姻状况、收入、经历、信仰等）；避免一些无聊、低级、庸俗的话题（如探听对方佩戴的贵重物品的出处、价钱等）；切忌班门弄斧、不懂装懂；在沟通时，要注意把握好沟通的内容和时间，当对方谈到的话题不妥当或时间过长，乘务员应巧妙地转移话题或适时地离开。良好的沟通能够吸引旅客，取得旅客的好感，增加旅客的信任度，从而与旅客形成融洽的人际关系。假设客舱服务中没有沟通，只有"哑巴式"服务，旅客则会感到沉闷、压抑，甚至精神崩溃。

一句话可以使人跳，也可以使人笑，关键看怎么说。巧妙沟通在工作中会产生意想不到的效果。

乘务员与旅客之间的有效沟通，还有助于取得旅客对飞行安全的支持和配合，在应急情况下，其重要性更是不言而喻。例如，在实施紧急撤离时，乘务员要第一时间将撤离和防冲撞等相关信息告知旅客，稳定旅客情绪，使其知晓撤离要求，配合并协助乘务员共同完成撤离准备工作，从而提高撤离的速度和质量，最大限度地降低撤离所带来的人员伤亡。

3）乘务员与地面服务保障人员之间的沟通

一架飞机的运行，需要多部门的协同、配合才能实现。例如：飞机的签派放行、飞机的维护排故、餐饮的保障、客舱的卫生清洁、行李的装卸、旅客信息的交接……乘务员也需要与地面服务保障人员做好沟通协调，及时完成地面各项保障工作，才能保证航班正常运行。

乘务员只有通过有效沟通，才能最终实现与飞行机组、旅客和地面服务保障人员的感情交流、信息传递和工作配合。

2. 沟通的必要性

客舱是封闭的，但客舱服务不是静止的。客舱服务本身就是乘务员与旅客互动的过程。除此以外，航班延误、客舱设施不完善、乘务员工作失误等因素都会对旅客评价客舱服务产生负面影响。沟通不到位，还会使负面影响升级，甚至造成不可挽回的局面。每个乘务员在工作中都会碰到类似的问题，不同的沟通能力和沟通技巧往往会产生截然不同的结果。据调查和研究表明，服务工作中70%的错误是由于不善于沟通造成的，沟通不当不仅会带来误会、矛盾，甚至还会引起不堪设想的后果。

5.1.2 沟通的途径与方法

沟通过程（图5-1）是指沟通主体对沟通客体进行有目的、有计划、有组织的信息、思想、感情交流，通过主客体的双向互动的过程达成目标。

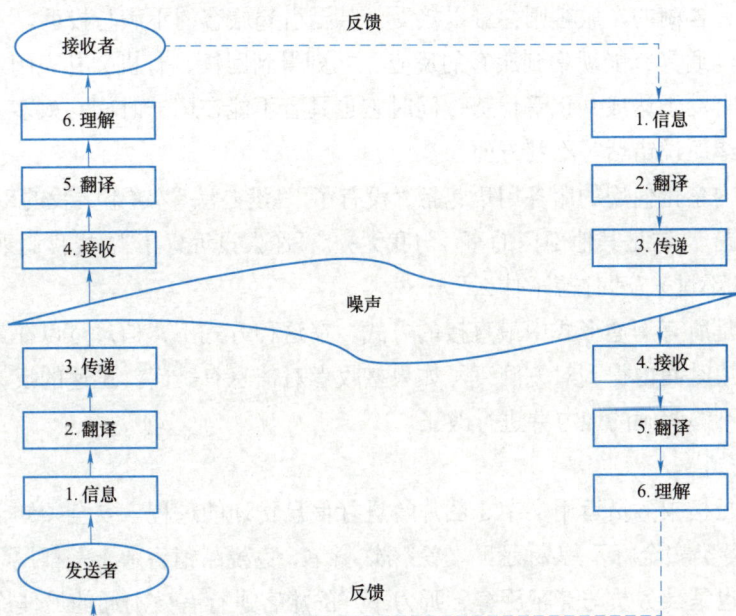

图 5-1 沟通过程

在沟通中，沟通主体可以选择或决定沟通客体、沟通环境、沟通的途径和方法等，在沟通过程中处于主导地位；沟通客体是整个沟通过程的出发点和落脚点。要使沟通最终达到"双赢"结果，沟通双方特别是主体一方，必须清楚地把握以下要素：沟通的主题是什么？沟通要达到的目的、效果是什么？双方对沟通主题的认知存在哪些分歧点？如何消除分歧达成一致？

沟通的途径和方法多种多样，根据信息载体的不同，沟通可分为语言沟通和非语言沟通。

一般来说，乘务员占据沟通主体的地位，在与旅客的沟通中必须客观、清楚地了解环境情况，然后锁定沟通目标，选择有效的沟通途径和方法。

1. 语言沟通

语言是人类特有的、有效的沟通方式。语言沟通建立在语言文字的基础上，又可细分为口头沟通和书面沟通两种形式。在沟通过程中，语言沟通对于信息、思想和情感的传递而言，更擅于传递的是信息。

1）口头沟通

口头沟通是指乘务员在工作中借助一定的口头语言实现信息的交流，是客舱服务中最常采用的沟通形式。服务用语、客舱广播、安全简介、旅客投诉的处置等都属于口头沟通的范畴。

口头沟通方式十分灵活多样，既可以是正式的磋商，也可以是非正式的聊天；既可以是有备而来，也可以是即兴发挥。在服务过程中，口头沟通时应注意以下几点。

（1）口头沟通要求规范性与灵活性兼而有之。沟通的语言如果是恰当的、得体的、准确的，会使旅客产生愉快、亲切之感，从而对服务产生良好的反馈；反之，如果语言是唐突的、生硬的、含糊的，旅客则会难以接受，甚至引起旅客的不满与投诉。

（2）口头沟通具有能观察到旅客的反应、立刻得到回馈、有机会补充阐述、能确定沟通是否成功、有助于达成共识等优势，同时它也具有不能在同一时间与太多人实现双向沟通、有时因情绪而说错话等不利方面。

（3）客舱内禁止使用的服务用语包括"没有了""没办法""这不关我的事""这是地面工作人员的问题""这是其他部门的事，与我无关""你去投诉好了""找我们乘务长去""我不知道""我忙不过来""你想干什么"……

口头沟通是所有沟通形式中最直接的方式。在这种方式下，信息可以在最短时间内被传送，并在最短时间内得到对方回复。如果接收者对信息有疑问，迅速的反馈可使发送者及时检查其中不够明确的地方并进行改正。

2）书面沟通

书面沟通是指乘务员运用文字、图片等进行信息传递的过程。安全须知卡、出口座位说明书、机上各类安全标示牌/标示贴、餐谱/饮料单、免税品销售杂志等都属于这种沟通形式。书面沟通也是乘务员与聋哑旅客、听力不好的旅客进行有效沟通的最佳途径。

（1）书面沟通应遵循"4C"原则："清晰（clear）""完整（complete）""准确（correct）"

"简洁（concise）"。

① 清晰是指表达的信息结构完整、顺序清楚。

② 完整是对信息质量和沟通结果有重要影响的一个因素。否则，就好比"盲人摸象"，片面残缺的信息会导致判断和沟通错误。

③ 准确是衡量信息质量的最重要的指标，也是决定沟通结果的重要指标。不同的信息往往会导致不同的结论和沟通结果。

④ 简洁是指表达同样多的信息要尽可能做到言简意赅，这样可以提高信息使用者处理和阅读信息的效率。

（2）与口头沟通比较而言，书面沟通更正式，并且具有准确性高、需要与许多人沟通时效率更高等优势，同时它也存在无法立即得到旅客回馈、缺乏感情交流等不利方面。

2. 非语言沟通

所谓非语言沟通，是指不通过口头语言和书面语言，而是通过其他的非语言沟通技巧，如微笑、眼神、手势等进行沟通。美国心理学家艾伯特·梅拉比安经过研究认为：在人们沟通过程中所发送的全部信息中仅有 7%是由语言来表达的，而 93%的信息是由非语言来表达的。你也许遇到过这种情况：在你和别人交谈时，对方时不时看表，并对你不自然地笑。这时你就会知趣地告辞了。你从什么地方知道对方不愿意再听你讲下去了呢？这就是非语言信息。对方时不时地看表，说明他可能另有安排；他对你不自然地笑，说明他不好意思打断你的话，并告诉你他想请你离开了。

在沟通过程中，非语言沟通与语言沟通关系密切，而且经常相伴而生。通过非语言信息，语言信息得到补充和强化；在语言和非语言信息出现矛盾时，非语言信息往往更能让人信服；非语言信息可以代替语言信息，有效地传递许多用语言都不能传递的信息，而且，作为一种特定的形象语言，它可以产生语言沟通所不能达到的实际效果。

非语言沟通的内涵十分丰富，下面我们将介绍非语言沟通中的头部语言、手语言、脚语言以及它们在航班中的应用。

1）头部语言（又称首语言）

头部语言是指运用头部动作、姿态及面部表情来交流信息的非语言符号。

（1）头部动作、姿态。点头、摇头是最基本的头部语言。乘务员在迎送旅客时、答应旅客要求时或是对旅客表示认同时都可以运用点头的动作，以表示欢迎、允许、赞成或领会；摇头则可以表示否定、不赞同、不允许。头部端正，体现乘务员的自信与端庄；头部前倾，表示倾听与关心；头部侧倾，表示对旅客的谈话感兴趣。

（2）面部表情。在与人交流的过程中，面部表情所表达的含义是多种多样的。面部表情语言是指运用面部器官，如眉、眼、鼻、嘴来交流信息、表达情感的非语言符号。体语学的创立者伯德惠斯特尔指出：人的脸部可做出大约 2.5 万种不同的表情，可以说是非语言信息最丰富、最集中的地方。在人的面部表情中，最动人、最有魅力的表情是微笑。

对旅客而言，最美好的印象往往是从乘务员的微笑开始。微笑有着丰富的内涵：微笑是世界共通的语言；微笑是一把神奇的金钥匙，可以打开旅客心灵的钥匙；微笑是一种礼节，能充分体现乘务员的热情、修养和魅力；微笑是打破陌生的利器，是亲和力的传递；微笑是友好和平的代名词，它使客舱变得更加美好和温馨；微笑是与旅客沟通的第一桥梁；微笑一下并不费力，却产生四两拨千斤的作用……

在人的面部表情中，眼神是非常重要的部分。眼睛是心灵的窗户，它表露着人们丰富的内心世界。在目光接触中，乘务员注视对方的部位和时间也是有讲究的。

① 注视的部位。与旅客沟通时，一般用眼睛看着对方的双眼和额头中部之间的"上三角"部位，即公务注视。注视这个部位，显得严肃认真、有诚意。在沟通中，如果目光总是落在这个部位，能帮助你把握住沟通的主动权和控制权。

② 注视的时间。交谈时，有些人令我们感到舒服，有些人则令我们不自在，有些人甚至看起来不值得信任。这主要与对方注视我们的时间长短有关。当然，这也要区分不同的性别之间的交流。同性之间进行交流：当一个人不诚实或企图撒谎时，他的目光与你的目光相接往往不足全部谈话时间的三分之一。换而言之，乘务员若想同旅客建立良好的关系，在整个谈话时间里，你和对方的目光相接累计应达到50%～70%的时间，只有这样，才能得到对方的信赖和喜欢。相反，若乘务员在交谈时，眼睛不看着对方，那自然很难得到对方的信赖和喜欢。异性之间进行交流：不论是男性还是女性都不可长时间地注视对方，即使必要的注视也不能太咄咄逼人，目光必须是诚恳的、善意的。

2）手语言

手语言是指通过手的动作、姿势来表达信息、传递感情的非语言符号。乘务员在指示方位、引位、递送物品时都要求尽量五指并拢、掌心面向旅客、尽量双手递送；面对旅客时，不可双手叉腰、双臂交叉于胸前……这些手势细节体现的是对旅客的尊重。

（1）手掌动作。常见的手掌动作有两种，分别是掌心向上和掌心向下。前者会给人以诚实、谦逊或屈从的感觉，不带任何威胁性，以这种方式与对方握手，也会表达出服从的意味；后者则会传达出抵制、支配、压制的信号，带有强制性，容易使人产生抵触情绪。

（2）手臂动作。手臂动作可以显示出一个人的心理状态和性格特征。如果双臂紧紧交叉于胸前，一般会产生拒人于千里之外的感觉，表达的是防御心理或傲慢态度，不利于建立平等友好的氛围。而握臂或局部臂交叉姿势，则会显示出内心紧张并竭力掩饰的信号；双手叉腰暗示不耐烦、敌意或轻蔑。

（3）手势语。手势语使用的频率和幅度也有讲究。与旅客交谈过程中，过多的手势语和幅度过大的手势，往往会给人造作之感，而且过多的信息也容易被对方曲解。

3）脚语言

脚语言是指通过脚的动作、姿势来表达信息、传递感情的非语言符号。脚的动作虽然不易察觉，但能更直观地揭示对方心理。乘务员站立时要双腿站直，双脚成丁字形或 V 形；在客舱巡视时要步伐沉稳，脚步不宜过大或过小；坐于乘务员席位时，要双脚并拢，不宜翘脚、抖脚等。

（1）一般情况下，脚步沉稳表示其沉着、踏实；脚步轻快可反映内心的愉悦；脚步小且轻表示其谨慎、服从；脚步匆忙、沉重且凌乱则可判断其性格开朗、急躁、城府不深。

（2）脚语言还能透露出人的心理指向。若一坐下来就跷起二郎腿，则可能表明他（她）有不服输的对抗意识或是有足够的自信，又或是有强烈的显示自己的欲望。

非语言沟通的形式是丰富多样的，除了本节介绍的内容外，还包括肩的动作和综合体态等。

5.1.3　沟通的原则与技巧

乘务工作的服务对象多种多样，旅客来自不同国家或地区，拥有不同年龄、职业、社会地位、文化层次、风俗习惯等。随着各国经济的发展，商务往来不断增加，客舱也成为不同国籍、不同民族汇聚的一个重要场所。如何更好地满足不同旅客的需求，是乘务员必须面临的课题；掌握与旅客沟通的原则与技巧，是乘务员必备的业务素质。

1. 沟通的原则

乔哈里窗（Johari Window），又称沟通之窗（图 5-2）。根据这个理论，人的内心世界被分为四个区域（也称四个象限）：公开区（open）、盲目区（blind）、隐藏区（hidden）、封闭区（unknown）。

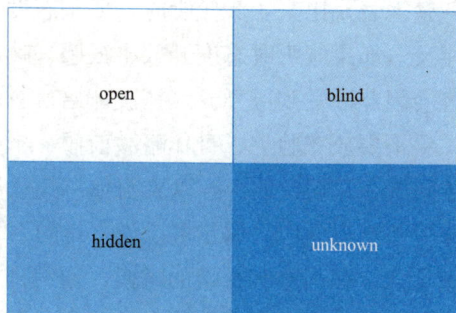

图 5-2　沟通之窗

公开区：自己知道（known to self），别人也知道（known to others）。

盲目区：自己不知道（not known to self），别人却知道（known to others）。

隐藏区：自己知道（known to self），别人不知道（not known to others）。

封闭区：自己和别人都不知道（not known to self and not known to others）。

在人际交往之初，因缺少时间和机会进行充分沟通，公开区较小。有效沟通就是尽可能扩大公开区，使其成为信息交流的主要窗口，不断增强信息的透明度、公开度和诚信度。同时在"开窗"时，要针对性地结合实际，做到以下几点。

1）有效果的沟通

强调沟通的目标明确性，就某个问题可以达成共识。

2）有效率的沟通

强调沟通的时间概念，在尽量短的时间内完成沟通的目标。

3）有个性的沟通

强调沟通的人性化，面对不同的人采取不同的沟通方式。

2. 沟通的技巧

1）良好的沟通从形象开始

乘务员优雅、从容、自信、干练的职业形象在塑造良好第一印象的同时，也是沟通的基础。得体的形象表现出对旅客的尊重，是旅客判断你是否可信的重要条件，也是旅客决定如何对待你的首要条件。此外，得体的形象也会使乘务员无形中增加自信。

2）倾听让沟通变得简单

倾听不仅是耳朵听到相应声音的过程，而且是一种情感活动，需要通过面部表情、肢体语言和话语的回应，向旅客传递一种信息——我很想听你说话、我尊重和关心你。

（1）鼓励旅客先开口并让其多说。首先，倾听旅客说话本身就是一种礼貌，愿意听表示我们愿意客观地考虑旅客的看法、尊重他的意见，有助于彼此接纳、建立融洽的关系；其次，鼓励旅客先开口可以培养开放的沟通氛围，降低谈话中的竞争意味；最后，旅客先提出他的看法，乘务员就有机会在表达自己意见之前，掌握双方意见一致之处，这样更容易说服旅客，从而愿意接纳你的意见。

（2）适时地表示兴趣和赞同。当乘务员和旅客交谈时，即使还没有开口，内心的感觉就已经透过肢体语言清清楚楚地表现出来了。倾听时，如果态度封闭或冷淡，旅客很自然地就会不愿意敞开心扉；相反，如果倾听时态度开放、很感兴趣，那就表示愿意接纳并且很想了解旅客的想法，旅客会因此而受到鼓舞。这些肢体语言包括自然的微笑、常常看对方的眼睛、不要交叉双臂、手不要放在脸上、身体略微前倾、不要有心不在焉的举动与表现、用点头或者微笑表示赞同旅客正在说的内容以表明你与其意见相合。

让别人知道你在听，接受并给出回应，偶尔可以说"是的""我了解""我明白"等。

（3）暗中回顾，整理出重点。在与旅客交谈的时候，通常都会有几秒的时间，可以让乘务员在心里回顾一下对方说话的内容，整理出其中的重点所在。删去无关紧要的细节，把注意力集中在旅客想说的重点和主要的想法上，并且在心中熟记这些重点和想法，以便在适当的情形下给旅客以清晰的反馈。

3）赞美是沟通的润滑剂

赞美，是现代交际不可或缺的。几句适度的赞美，可使旅客产生亲和心理，它不但使人感到窝心与振奋，而且使人觉得被肯定与重视，为沟通提供前提。在沟通中，如果使用"你说得很有道理"或是在认同之前先重复旅客的话"你刚才说……，你说得很有道理"，同时再配合动作比如双眼看着对方、频频点头等，就可以很快地拉近与旅客之间的距离。

赞美旅客时如不能审时度势、不掌握一定的赞美技巧，即使你是真诚的，赞美也可能会变好事为坏事。所以，赞美前我们一定要掌握以下技巧。

（1）因人而异。人的素质有高低之分，年龄有长幼之别，因人而异，突出个性、有特点的赞美比一般化的赞美能收到更好的效果。例如，老年旅客希望别人不忘记他"想当年"的业绩与雄风，同其交谈时，可多称赞他引以为豪的过去。部分老人会以子女为傲，可称赞其子女的优秀；对于商务旅客，不妨语气稍为夸张地赞扬他的才能和事业前景；对于经商的旅客，可称赞他头脑灵活、生财有道；对于有地位的干部，可称赞他为国为民、廉洁清正；对于知识分子，可称赞他知识渊博、宁静淡泊……当然这一切要依据事实，切不可虚夸。

（2）情真意切。虽然人们都喜欢听赞美的话，但并非任何赞美都能使对方高兴。能引起对方好感的只能是那些基于事实、发自内心的赞美。相反，你若无根无据、虚情假意地赞美别人，对方不仅会感到莫名其妙，更会觉得你油嘴滑舌、为人虚伪。例如，当你见到一位其貌不扬的小姐，却偏要对她说："你真是美极了。"对方立刻就会认定你所说的是虚伪之至的违心之言。但如果你着眼于她的服饰、谈吐、举止，发现她这些方面的出众之处并真诚地赞美，她一定会高兴地接受。真诚的赞美不但会使被赞美者产生心理上的愉悦，还可以使你经常发现别人的优点，从而使自己对人生持有乐观、欣赏的态度。

（3）翔实具体。在日常生活中，人们有非常显著成绩的时候并不多见。因此，交往中应从具体的事件入手，善于发现别人哪怕是最微小的长处，并不失时机地予以赞美。赞美用语越翔实具体，说明你对对方越了解，让对方感到你的真挚、亲切和可信；如果你只是含糊其词地赞美对方，说一些空泛飘浮的话语，不仅会引起对方的猜度，甚至会产生不必要的误解和信任危机。

4）懂得积极反馈，搭建沟通桥梁

一个完整、有效的沟通过程是这样的：首先是信息的发送者通过"表达"发出信息，其次是信息的接收者通过"倾听"接收信息。仅仅这两个环节是不够的，还必须有反馈，即信息的接收者在接收信息的过程中或过程后，及时地回应对方，以便澄清"表达"和"倾听"过程中可能的误解和失真。所谓反馈就是在沟通过程中，对沟通对象所表述的观念、想法和要求给予态度上的回应，让对方明白自己的态度和想法。这种反馈既可以主动接受，也可以主动给予。

5.1.4　沟通案例

语言是一门艺术。常言道：良言一句三冬暖。一句话可以使人笑，也可以使人跳，不同的沟通方法得到的可能是完全不同的结果。乘务员要学会巧妙地运用语言艺术，创造良好的沟通效果。语言沟通技巧反映了乘务员的职业素养和服务技能水平，要靠平时相关技能的训练和服务经验的累积。

案例一：寻找沟通的突破点

一位男旅客上机后就向乘务员提出要三条毛毯，可由于毛毯的配备数量有限，乘务员只能给他一条，该旅客非常生气。乘务员反复对这位旅客解释原因，可他对乘务员置之不理，后来索性闭上眼睛不予理睬。乘务长了解这一情况后，先去观察了一下男旅客周围的情况，发现他们是一家三口出行。然后，乘务长看了看中间的男孩，微笑着对他旁边的母亲说："您的儿子长得真结实，您平时一定十分注意他的饮食。我女儿长得又瘦又小，您一定要好好教教我，我回去后也好帮女儿补补。"那位母亲听了笑着摸摸儿子的头发说："有好多人都问我这个问题，其实是我儿子不挑食，你女儿一定也要好好吃东西

才行啊!"随后,她滔滔不绝地与乘务长聊起了孩子的养育问题。期间,乘务长适时为没有毛毯的事向她道歉,她连连摇摇手说:"不要紧,没事的!"

点评: 当这位男旅客的要求没有得到满足时,就已经对乘务员的行为有了成见,此时若乘务员一味地向他解释客观原因,只会招致他的反感。经验丰富的乘务长却能换个角度思考,转移沟通对象,从旅客身边的亲人入手,通过细心观察,在他太太和儿子身上找到突破点,重新建立起沟通的渠道,又寻找到恰当的沟通话题,利用适度的称赞,打破彼此之间的隔阂,再找准时机,让旅客在轻松的氛围中接受道歉。

案例二:截然不同的沟通结果

在某一航班上,乘务员认真进行起飞前安全检查,见经济舱第一排旅客将电脑包随意摆放在脚边,乘务员立刻指出:"先生,这里不能放行李。"旅客抬头看了一眼乘务员,默默地将电脑包挪到自己脚下,并试图用脚挡住它。但这一举动还是没有得到乘务员的认可,"先生,这样也不行,经济舱第一排的区域都不能放行李。"乘务员犹如严厉的小学老师,一次次指出学生的错误,而此时的旅客早已失去了耐心,心中怒火就此点燃:"到底要怎样,你们不是说小件行李可以放座位下面吗?这里不是下面啊?""是可以,但这是经济舱第一排……""那又怎样,你们强调第一排了吗?"眼看一场无休止的争论就要爆发:乘务员觉得委屈,认为自己是在执行安全规定,没有做错;而旅客则觉得窝火,什么服务,什么态度,老是拿规定来教育人。随后一名资深乘务员走了过来,态度诚恳地说:"抱歉,先生,您的电脑包恐怕不能放在这里,在紧急情况下它会影响到里侧旅客快速通行。""哦,这样的啊,那我放脚下吧。""先生,您一看就常坐飞机,对安全规定很了解。的确,小件行李是可以放在座位下前档杆区域,但是经济舱第一排比较特殊,没有前档杆,如果直接放在脚下,紧急情况会影响到您的救生衣拿取哦。"先生的语气缓和下来:"有道理哦,那麻烦你帮我放行李架上吧。"

点评: 得体的语言往往能化干戈为玉帛。第一位乘务员沟通失败的原因是因为她只是简单地告诉旅客不应该这么做,当想说明为什么时却因旅客的反击而走入了沟通的死胡同。资深乘务员沟通成功的原因是她首先肯定了旅客对客舱安全规定有一定了解,在心理上解除了旅客的抵触情绪,让旅客愿意听下去。然后再清楚地说明了第一排的特殊性,关键是从旅客的自身安全角度出发告知行李放在脚下存在的隐患。因为是切实为旅客的安全考虑,所以最终获得了旅客的理解和配合。良好的沟通是一个双向的过程,它依赖于你能抓住听者的注意力,并正确地解释自己所掌握的信息。

案例三:无声传递关爱

在某一由上海飞往宜昌的航班上,一声声咳嗽打破了头等舱的宁静,原来是头等舱的韦先生在不停地咳嗽,剧烈的颤抖使得他脸上涨得通红。乘务员见状来到韦先生身边,询问是否需要帮助,有没有随身药物,然而越想说话越加剧了韦先生的咳嗽。乘务员迅速退回厨房，以一个新的沟通方式回到韦先生身旁。递上一杯温水，向他报以微笑，代替语言的是一张由乘务员写下的温情纸条："尊敬的韦先生，您好！我是本次航班的乘务员，我很荣幸能为您服务。深知语言的沟通会加剧您的咳嗽，造成身体不适，所以用这种交流方式和您沟通。稍后我们将为您提供午餐，有泰式虾球饭和牛肉炒面供您选择。如需帮助请随时告诉我们，请不要为咳嗽而感到尴尬，为您解除困扰也是我们的工作。祝您早日康复，旅途愉快！"当韦先生抬头看着乘务员时，眼神充满着感动。"谢谢你们，真的非常感谢。"韦先生同样以书写无声地与乘务员交流。

点评：真是此时无声胜有声！有时候换种方式表达，能收获不一样的精彩。好一句"为您解除困扰也是我们的工作"，足见乘务员为了旅客的愉快而甘愿做出不懈努力。对于头等舱旅客的服务更要注重细节以及个性化，设身处地地为旅客着想，适当灵活地改变一下沟通方式，既不影响与旅客之间正常的交流沟通，又能让旅客感受到服务的细致温馨。体贴入微的关怀、个性化的服务犹如丝丝细雨滋润旅客的心田。客舱服务除了向旅客提供舒适的座椅、可口的餐食、丰富的娱乐设备等硬件服务外，更能抓住人心的是乘务员提供的软性服务。乘务员要学会细致观察旅客需求，准确揣摩旅客需要怎样的服务，选择最佳方案，富有成效地解决问题。

案例四：巧妙应对解难题

在某一航班上，一位很帅气的先生一登上飞机就找到乘务员说："我认识你们老总，我要坐头等舱座位。"乘务员没有慌乱，而是巧妙回答道："先生，您一定是来考验我们的吧？我们一直听说领导想了解我们的工作情况，所以特意安排了他的朋友来考验我们。今天让我遇到您了。请相信我，领导的朋友就是我们的朋友，虽然您坐在经济舱，但会得到我们更加细致入微的服务！"问题就这样圆满地解决了。后续服务中，乘务员继续关注该旅客的需求，尽力服务于他开口之前，赢得了旅客的赞扬。

点评：面对旅客的无理要求，乘务员没有生硬地拒绝，而是巧妙应对，以有理有节的语言，既维护了旅客的自尊心，体现出旅客至上的服务理念，又妥善地解决了问题。作为乘务员，对不同的旅客要有不同的服务方法。有心的乘务员从旅客登机时，就可以通过观察和简单的交流对旅客需求进行评估，做到心中有数，有的放矢。好的服务是根据实际情况，了解旅客的需求，把握旅客的心理，然后灵活应对。

案例五：切换思考的角度

在某一航班上，一排三个座位上坐着一对带婴儿的夫妻和一位男旅客，那个婴儿正在母亲的怀抱里熟睡。乘务员见状不由得想，今天航班不满客，如果把坐在旁边的那位旅客调整到其他座位，孩子就可以平躺下来，这样不仅孩子能休息得更好，母亲也不用那么劳累了。于是，热心的乘务员走上前跟旁边的这位旅客客气地协商："先生，您看，这位母亲抱着孩子太辛苦了，今天航班中还有空座位，我帮您调换一下，可以吗？"没想到这个建议竟然被旅客断然拒绝："我只喜欢坐自己的座位。"乘务员愕然，悻悻地想：怎么遇到这样不知道体谅别人的旅客啊，真不好说话！乘务员却没想到问题是出现在自己的说话方式上。同样的场景，一位经验丰富的优秀乘务员是这样说的："先生，旁边这位母亲抱着孩子，你们坐得都比较挤，今天航班中还有空座位，我帮您调换一下，您可能会休息得更好些，您愿意吗？"这位旅客不仅欣然同意，还称赞乘务员想得真周到，而那位母亲也一个劲儿地向乘务员致谢。

点评： 同样的场景，为什么沟通的结果完全不同？第一位乘务员的言辞不是也很客气吗？问题出在哪里？原来是思考的角度不同，是站在谁的立场上说话的问题。第一位乘务员以婴儿母亲的立场说话，有的旅客或许会让步，但不能保证所有旅客都愿意。"为什么要我换座位？"旅客可能不乐意。而第二位乘务员聪明地转换了立场，将沟通的主体由婴儿母亲换成了旁边的这位旅客，站在他的立场上为他着想，换座位是为了他更舒适，结果就完全不一样了。这样沟通的妙处还在于同时解决了两个问题，双方都要感谢乘务员为他们想得周到。要旅客配合你的工作，就要以他的角度思考！这样的功底，这样的服务艺术非一朝一夕养成，需要准确把握旅客心理，加上平时不断地累积经验和实践，才能驾轻就熟、炉火纯青地演绎出这样精彩而妥当的处置效果。

案例六：难以接受的"事实"

在某一由上海飞往墨尔本的航班上发生了这样一幕。第一次供餐，飞机上提供红烧牛肉饭和海鲜面两种热食让旅客选择，当供应到贾先生时，他想选择的海鲜面恰好没有了。乘务员及时致歉并介绍："今天的红烧牛肉饭是本月推出的新品，味道很不错。""我只想吃面条。"贾先生坚持自己的选择。为了满足贾先生的需求，乘务员随即到头等舱找到一份面条递给他："刚好头等舱多了一份面条，我就给您送来了。"贾先生一听，很不高兴，反问道："你什么意思，头等舱吃不了的给我吃？我是不是还要谢谢你啊？"乘务员的好心反而引来旅客不满，她感到非常委屈和难过。

点评： 在客舱服务中，旅客可能会因为乘务员只字片语的关心问候而感动，但也常常会因为一句无心之语而生气。兴冲冲地终于找来旅客需要的面条，原以为旅客会感谢，没想到旅客却因这句脱口而出的"事实"而责怪起来。怎样才能让旅客欣然接受？这就是语言技巧的魔力，记得开口之前多站在对方的立场考虑，就会有不同的结果，就能让旅客乐意接受。

改进意见： 乘务员从头等舱拿来面条后对旅客说："真对不起，您喜欢的餐食刚好没有了，您看，我将头等舱的餐食提供给您，希望您能喜欢。在下一次供餐时，我会请您优先选择餐食的品种，我们非常乐意为您服务。"待到下一次供餐，记得先让这位旅客选择，旅客又怎会不谅解？毕竟乘务员给予了一份头等舱餐食作为补偿，下一次还能优先选择餐食，这一次的不快实在是一件小事。

案例七：讽刺旅客太不应该

在某一航班上，一位旅客用完餐后向乘务员反映：餐盒内的蔬菜一点也不新鲜。乘务员见餐盒内的食物都已经用完，便很随意地说："蔬菜不新鲜你怎么都吃完了？"顿时这名旅客感到很尴尬，怒气冲冲地问这名乘务员是怎么说话的。这时乘务员才觉得自己刚才的行为不对，只得赔礼道歉。虽然这名旅客接受了道歉，但是刚才那番话语已伤害了这名旅客。

点评：乘务员的服务意识去哪儿了？对旅客的尊重去哪儿了？旅客向乘务员反映对餐食的意见，乘务员本应虚心听取，这位乘务员却用言语讽刺、回击旅客。在服务业中，让你的旅客难堪可是一件接下去会让你自己难堪的事情。所以，乘务员要记住：任何时候都不能以无理的语言给旅客造成不悦或尴尬，即便旅客表面上接受了乘务员的道歉，可是他的内心是否真正原谅你？乘务员需要付出多少努力才能改变旅客的看法呢？

改进意见：当旅客向乘务员抱怨今天的蔬菜不新鲜时，乘务员要具有敏感性，表达对旅客意见的重视，进一步认真听取旅客的具体意见："真抱歉，今天的餐食让您不满意了。您可以告诉我具体的情况吗？我反馈给我们的食品公司。"乘务员要注意不要解释客观原因，毕竟让餐盒内的蔬菜新鲜是可以做到的。倾听完旅客的意见后，乘务员应该真诚地说："您说得很对，我们的确存在问题，我们应该保证您在机上享用到美味的餐食。我一定马上反馈今天的问题，请相信我们会很快改进，希望您下一次乘坐我们航班时我们已经改进了，到时欢迎您再给我们提意见。"沟通后，乘务员还应该再做一些补偿行为，例如去寻找一份新鲜一些的餐食或者准备一份水果，表达对旅客的歉意。

案例八：言语随意惹抱怨

在某一航班上，飞机快要着陆了，因为是最后一趟回港航班，乘务员紧张地做好着陆前的准备，包括将饮料、用具等都整理在餐车和储物箱里，并用封条封好。这时一位刚刚睡醒的旅客拦住一名乘务员："乘务员，来杯可乐吧！"该乘务员刚在厨房里将全部东西存放妥当，锁毕了餐车和储物箱，一听到旅客这么说，着急地脱口而出："啊！可乐？我们都封了！""什么？我要杯可乐你们就疯了？"旅客立刻不满起来……

点评：对于一位刚睡醒的旅客来说，要一杯可乐并不过分，虽然这个时机可能不太对。飞机就要着陆了，按规定，下降的关键阶段不能再做与安全无关的事情。可是问题出在乘务员的用词上，乘务员没有考虑旅客的需求，也许是刚刚辛苦地整理完饮料，所以脱口道出"实情"。旅客当然不能理解，自己只是要一杯可乐而已，"封了"还是"没封"总不能成为拒绝的理由。于是，两厢都不情愿起来。

改进意见：乘务员应把旅客的合理需求放在第一位，如果始终愿意尽力满足旅客的需求，无论餐车是否已封存，都会马上提供服务。服务时，乘务员一定要注意自己的语言，绝不能不顾旅客的感受而随意言之，要多用服务敬语，不用服务忌语。虽然，因为回收管理的需要回港航班要求乘务员将机上供应品整理好并封存，但并没有要求必须在飞机落地前完成，封存工作也不能成为拒绝旅客需求的理由。乘务员应考虑到乘机全过程中旅客对饮料的需求，对餐车的封闭工作可以在落地之后再进行。

案例九：一场不会胜利的辩论

在云南的大风季节里，一航班由上海飞往昆明。飞机已经断断续续颠簸了一个小时。一位旅客按了呼唤铃，乘务员及时赶到，对话由此展开。

"飞机怎么那么颠？"

"先生，是这样的，现在是云南的大风季节，因为有乱流，所以很颠。"

"大风季节？我经常坐这条航线，从来没碰到过，我看是你们机长技术差吧。"

"先生，这和机长的技术没关系，是天气的问题呀！"

"没关系？我从来没坐过这么颠的飞机，不是技术问题是什么？你这是什么态度？"

"我只是在和你解释这个问题……"

旅客没再说下去，直接写了投诉信。于是，一场以飞机为什么颠簸为主题的辩论落下了帷幕。

点评： 旅客在抱怨飞机颠簸时，是想获得安慰、照顾和体贴，以缓解紧张的情绪，而乘务员对旅客的真实需求未探知，其结果就是不顾他的心理需求，还和他就颠簸的原因进行一场毫无意义的辩论。

改进意见： 从沟通中了解旅客的真实想法，站在他的角度为他考虑，感同身受地关心他的需求。可以询问他是否感到不适？随后帮助调整一下椅背，提供一杯他喜爱的饮料，以轻松的微笑和关心的举动将旅客从紧张的情绪里解脱出来。

任务 5.2　旅客表扬

在现代市场经济条件下，越来越多的企业已深刻认识到：企业竞争成败的关键在于如何赢得顾客并留住顾客。对于行业来说，企业最大的成本之一就是吸引新顾客的成本。根据统计数据显示：企业吸引一个新顾客的成本是保持一个老顾客成本的5～10倍。根据美国消费者事务办公室的调查发现：90%～98%不满意的顾客从不抱怨，而是直接转到别的商家。顾客满意度和企业利润之间存在着密切联系。

顾客满意度是指顾客对所购买产品或服务的评价与心理预期相对比所产生的结果，反映的是顾客的一种心理状态。"满意"并不是一个绝对概念，而是一个相对概念。从根本上来说，它主要取决于企业所提供的有形产品或无形服务与顾客期望、要求等吻合的程度。所以，"顾客的满意程度=可感知效果（或结果）-顾客的期望值"。透过这一公式，我们可以发现：对于民航服务业，如果旅客的感知大于旅客的期望，旅客的满意状态是"惊喜"；相反，则旅客是"不满意"（图5-3）。旅客的感知与期望的比值越大，旅客的满意度越高，越可能赢得旅客表扬；相反，则旅客的满意度越低。这种心理的落差如果未能有效疏导，可能会产生投诉。

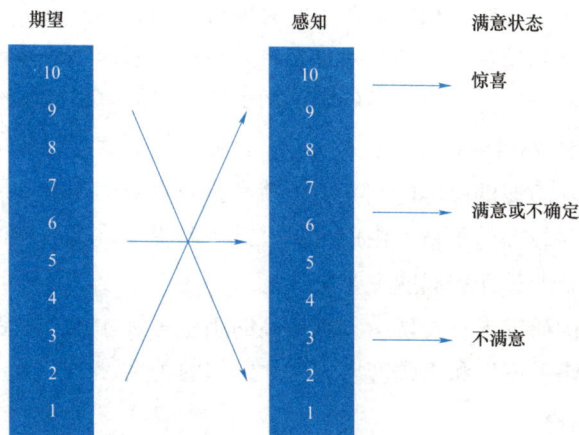

图 5-3　旅客满意状态图示

5.2.1　旅客表扬的作用

表扬是旅客对所接受的服务做出积极、肯定的评价，说明该次服务赢得了旅客的认可，是旅客满意度的一种表现形式。其作用主要有以下几个方面。

1. 有利于树立良好的企业形象

旅客对服务提出表扬是对企业品牌认同的一种表现形式。如果旅客对服务感到非常满意，还会将他们的亲身感受通过"口口相传"的形式传播给其亲友和同事。在现代信息社会，口碑传播正在成为影响现在或潜在旅客作出购买决策的重要信息来源之一。根据有关研究发现：每位非常满意的顾客会将其满意的原因告诉至少 12 人，而这 12 人中又会有 10 人左右在产生相同需求时光顾该顾客推荐的企业。同样一份来自欧洲的调查显示：7 000 个来自欧洲各国的顾客中有 60% 承认他们曾在家人和朋友的影响下尝试购买新的品牌。显然，口碑传播具有较高的影响力和说服力。

口碑传播是指一个具有感知信息的非商业传播者和接受者关于某个产品、品牌、组织、服务的非正式的人际传播。相对于正式或有组织的信息来源而言，旅客在选择决策中往往更多地依赖非正式的、人际传播的信息来源。这主要是基于人际关系的承诺和信任机制在口碑传播中发挥的重要作用。专家指出，就信息传播的有效性和影响力而言，口碑传播是广告的 3 倍、人员推销的 4 倍、报纸或杂志的 7 倍。

通过正面的口碑传播能够增加旅客对企业的信任感，提高品牌亲和力。在服务业口碑传播研究中发现，拥有良好服务口碑的企业在顾客心目中的印象更好，往往会受到社会公众的拥护和支持，从而提高企业的知名度和美誉度，提升品牌的影响力，使企业树立良好的形象。

2. 有利于提高旅客的忠诚度

忠诚度是旅客长期以来所形成的对企业的产品和服务的一种消费偏好，是旅客的认知忠诚、情感忠诚、意向忠诚和行为忠诚的有机结合。忠诚的旅客是指能拒绝企业同行竞争者提供的价格优惠，持续地购买本企业的产品或服务的旅客。如果企业能提高旅客的忠诚度，减少目前正在流失的旅客，相信多数企业会取得更高的利润增长。

美国经济学家赖克尔德和萨塞曾经对许多行业进行了长时间的观察分析，他们发现：顾客忠诚度在决定企业利润方面比市场份额更加重要。当顾客忠诚度上升 5 个百分点时，利润上升的幅度将达到25%～85%。与此同时，企业为老顾客提供服务的成本却是逐年下降的。更为重要的是，忠诚的顾客能向其他消费者推荐企业的产品和服务，并愿意为其所接受的产品和服务支付较高的价格。由此可见，维护和提高旅客的忠诚度是企业生存和发展的根本所在，更是企业长期利润的主要来源。

哈佛大学商学院的研究人员发现：只有最高的满意等级才能产生忠诚。从图 5-4 可以较直观地看出"顾客满意度"和"顾客忠诚度"之间的关系。

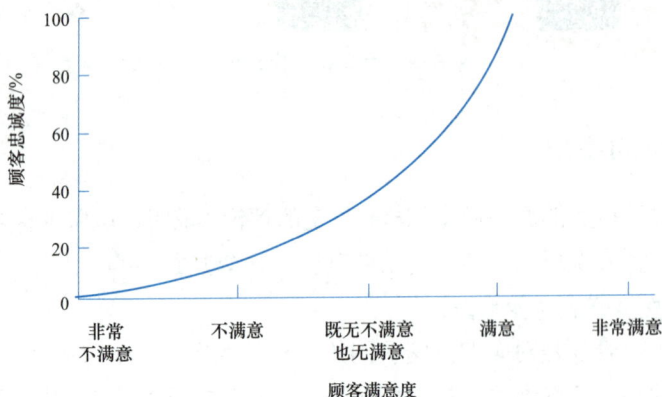

图 5-4　顾客满意度与顾客忠诚度的关系

顾客非常不满意对应的顾客忠诚度为零，达不到令顾客满意，顾客是会离你而去的。只有在顾客满意的基础上，令顾客非常满意，顾客才会保持较高的忠诚度。

表扬意味着服务使旅客感到物有所值或物超所值，这里的"有""超"是旅客付出的价格与其期望的使用价值相比较而言的。旅客在对服务感到非常满意的同时，还会产生愉悦、感激的心理状态，如果将这种好感深植于旅客的内心和思想中，能增进企业与旅客的关系，提升旅客满意度。当旅客满意得到不断"强化"时，旅客对服务就会逐渐产生一份认同和信赖，在企业与旅客之间也会建立起一种相互信任、相互依赖的"质量价值链"，最终帮助企业赢得旅客的忠诚。

此外，旅客的表扬一般反映了其对产品或服务的切身感受，企业应及时汇集旅客的表扬，从中获取旅客的偏好和相关信息，扬长避短，使产品或服务更能"投旅客所好"，进一步增强旅客对企业的依赖度。

3. 有利于形成良性的激励机制

表扬是旅客给予乘务员工作的褒奖，说明服务得到了旅客的重视、肯定与欣赏，会给人心理上带来愉悦。对于乘务员来说，无疑是一种精神上的极大鼓励与有效激励，不仅满足了乘务员"得到尊重"与"自我实现"的高层次需求，还能有效调动乘务员的工作积极性，使其个人能力得到进一步的挖掘和展现。"一句表扬能使我生活两个月。"马克•吐温的这句话形象地揭示出表扬对人的催化力量。

旅客是服务过程中重要的参与者，也是服务的最终使用者。旅客按照自身需求的满足程度来衡量服务质量的高低，给出的评价是客观的、真实的，具有重要的指导与参考价值。因此，企业对于旅客表扬会给予高度重视与适时关注，并形成相应的激励机制，使旅客满意最大化成为乘务员共同的理念与追求的目标。为了不断提高乘务员的工作积极性与主动性，进一步发挥"榜样"的力量，企业还会根据表扬的情况和程度，对于表现突出的乘务员给予嘉奖和表彰，激发乘务员的工作热情，使得企业的激励机制得到充分运用。

5.2.2　接受表扬

表扬是旅客满意的反映，也是对乘务员工作的肯定。在服务现场得到旅客表扬时，乘务员应该做到以下几点。

1. 真诚感谢

对旅客的表扬，乘务员应第一时间向旅客表示发自内心的感谢，并表示旅客对于乘务员工作上的关心与肯定，会成为乘务员工作的动力。如果对于表扬，乘务员表现出"不在意"的态度，则会使旅客对服务的印象大打折扣，甚至产生一定的负面影响。

2. 善于总结

好的服务只有得到总结，才能使其在今后的工作中发挥更大的作用。乘务员在工作中要勤于积累、善于总结，只有把带有普遍性、根本性的服务经验提炼出来，才能使好的经验更具价值，促进整体服务水平的提升。

任务 5.3　旅 客 投 诉

旅客投诉，是指旅客对服务过程中任意一个环节或行为，认为损害其合法权益，向公司反映情况或提出索赔及处理的请求行为。

5.3.1　投诉的影响

引起旅客投诉最根本的原因是旅客没有得到预期的服务，即旅客在实际感知与原有期望之间产生较大的心理落差。导致这种落差产生的主体可能是有形的产品，也可能是无形的服务，倘若此落差未能得到有效的解决或控制，则旅客可能会将此心理现象转变成投诉的行为。投诉产生的影响有以下几个方面。

1. 有损企业的对外形象

旅客往往也会将自己不愉快的经历向朋友、亲人诉说。专家指出：如果顾客对企业产生不满，平均会告诉 9～10 人，有 13% 的人会把这件事情告诉 20 人以上；问题没有得到满意解决，他们会把负面经验告诉 8～16 人。这种负面的"口碑"传播因其具有较高的影响力，对企业是一种极为不利的宣传。

2. 给企业带来经济损失

旅客投诉主要是因为旅客主观上认为由于他人工作差错而给其带来麻烦和烦恼或损害其利益等，如果投诉没有得到很好的处置，可能会给企业带来"意料不到"的巨大损失。下面是一个真实的投诉案例。

2009 年 7 月上旬，美国联合航空公司（简称美联航）的股价在一周之内暴跌 10%，市值缩水 1.8 亿美元。美联航的高管们大为震惊，发现造成这一局面的竟是一位歌手，准确地说是一个歌手的一首吉他曲弹掉了美联航的上亿市值。

事情的大致经过是这样的：加拿大歌手戴夫·卡罗尔与乐队成员一起乘坐美联航的航班赴美国，在芝加哥奥黑尔机场转机时，他目睹了自己的演出器材被行李员在装卸时抛来抛去。随后他与机场 3 名雇员交涉，他们均不以为然。到达内布拉斯加后，卡罗尔发现他价值 3 000 美元的吉他被摔坏了。于是他只好花 1 200 美元把吉他修好，但演奏效果已大不如前。卡罗尔一气之下走上了维权之路。

他通过电话、传真、电子邮件等方式，向美联航在芝加哥、纽约、加拿大甚至印度的服务部门投诉，结果他被"踢皮球"。在长达一年的投诉过程中，听到的答复通常是"不要问我""对不起，先生，您可以去别处索赔"，最后一位名叫艾尔维格的女客服干脆对卡罗尔说"NO"，这一下激怒了卡罗尔。于是，卡罗尔想以自己特有的方式来惩罚一下美联航。他把这件事情的经过写成了歌曲——《美联航摔坏吉他》，并做成了视频上传到了 YouTube 网站，上传 10 天内互联网上歌曲点击量就达到 400 万人次。他的遭遇得到了大家的同情和支持，就在几天内，美联航的股价下跌了 10%，相当于蒸发了 1.8 亿美元的市值。美联航态度随之来了个 180° 的大转弯，主动要求赔偿，公司发言人还对美国《洛杉矶时报》说："这段歌曲视频非常精彩，我们打算用它来教育培训员工，以使我们的旅客可以得到更优质的服务。"

一把摔坏的吉他价值 1.8 亿美元，美联航最终为这起旅客投诉付出了惨痛代价，企业形象也遭受重创。

5.3.2　投诉的一般处置

旅客提出投诉表明其仍然相信差错是可以改正或弥补的。当投诉被很好地解决，补救措施能够满足旅客的要求时，不但能挽回公司声誉，还能让旅客感到公司对服务质量是高度重视的，对于投诉旅客也是十分尊重的。这一部分客源很可能成为公司的忠实旅客，从而稳定现有的客源市场。数据显示：54%～70%的旅客在问题获得解决后，会再次上门消费；如果解决问题足够快，这个比例会攀升至95%。

投诉按照其发生模式不同可分为现场投诉和非现场投诉。投诉处理工作要以公正、及时、有效为宗旨，努力做到合法、合理、合情。下面将介绍现场投诉的一般处置流程。

1. 快速受理

接到投诉时，乘务员应耐心倾听，真诚道歉，虚心接受，并及时向乘务长汇报（必要时，乘务长应将情况报告机长）；乘务长与旅客进行充分沟通后，应视实际情况，在第一时间采取补救措施，取得旅客谅解；在处理过程中，如旅客需要回复或需要进一步处理，乘务长可根据旅客需求，选择合适的处理方式。

2. 相关取证

在旅客意见处理过程中，如双方对事实认定存在差异，乘务员应在不激化双方矛盾的前提下，视实际情况，尽可能做好相关取证工作。

取证的一般操作：以书面形式获取其他旅客对该事件经过的描述，并留下旅客的个人信息、联系方式等，但操作中要注意对提供证言旅客的保护。

3. 航后汇报

航班结束后，乘务长做好投诉的书面汇报工作，内容包括：事件经过、已采取的处置措施、旅客反馈、旅客姓名和联系方式等；如有"旅客意见卡"，应航后第一时间交给相关受理部门。

5.3.3　投诉的处置原则与方法

投诉说明信任，是旅客在给我们改进的机会。借此机会我们可以反问一下：旅客为什么会投诉？是不是我们哪里还做得不够好？随着日趋激烈的市场竞争和买方市场的全面形成，企业要寻求持续发展就需要适应"以旅客满意为中心"的竞争法则。快速、圆满地解决投诉，有利于赢得旅客的满意和忠诚。

1. 处置原则

无论是由于有形的产品还是无形的服务引起投诉，乘务员应掌握的处置原则是一致的。

1）首问负责

在处理投诉时，第一个被询问到的乘务员即为首问责任人。要求首问责任人对旅客提出的问题或要求，无论是否是自己职责（权）范围内的事，都要给旅客一个满意的答复，不得借口推诿、拒绝或拖延处理时间。

2）及时汇报

采取及时汇报制的主要目的在于提高投诉处理效率，避免因内部各环节沟通不及时或不顺畅导致"脱节"现象的出现。汇报时，要求内容准确无误、不得瞒报漏报、拖延不报。

3）有礼有节

带着问题和要求来投诉的旅客，难免会态度不好、心情急躁。此时，乘务员要学会审时度势，具体情况具体处理，展现出良好的职业素质。要求耐心倾听、积极应对，在任何情况下不得采取过激的语言行为。旅客投诉为公司或个人提供了一次认识自身服务缺陷和改善服务质量的机会，因此，最后还要真诚地对旅客表示感谢。

4）换位思考

站在旅客的立场想问题，学会换位思考："如果我是旅客，碰到这种情况，我会怎么样呢？"只有站在旅客的角度，想旅客所想、急旅客所急，才能真正地理解旅客，与其产生共鸣。

5）快速行动

探寻旅客希望解决的方法，一旦找到，征求旅客的同意。如果旅客不接受你的办法，真诚地询问旅客有什么提议或解决的办法，无论你是否有权决定，让旅客随时清楚地了解你的进展。如果你无法解决，可推荐其他合适的人，但要主动代为联络。

2. 处置方法

在掌握了旅客投诉的基本处置原则后，为了提高处置效率，还需要配合使用一定的处置方法，才能达到事半功倍的效果。

1）采取性格差异法

在处理投诉的过程中，建议针对不同类型的旅客，采取不同的处置策略和技巧，举例如下。

（1）感情用事者——稳。这类旅客比较容易受感情的支配，带有较强的情绪色彩，心态往往跟着感觉走，遇到不满时情绪比较激动。面对这种类型的旅客，要保持镇定，适当让旅客发泄，对其反映的情况表示理解，尽力安抚，告诉旅客一定会有解决的方法。在沟通语气上，要谦和但有原则。

（2）固执己见者——缓。这类旅客往往以自我为中心，坚持自己的意见，不听解释，爱钻牛角尖。面对这种类型的旅客，要先表示理解，从旅客的角度向其解释原因并为其提出解决方案，适时劝导旅客站在相互理解的角度解决问题。

（3）有备而来者——专。这类旅客大多有相当的常识，对相关政策、规章制度有一定的了解，注重细节。面对这种类型的旅客，首先自身要清楚地了解相关政策、规章制度。其次沟通时要充满自信。最后要抓住时机，适时地赞扬旅客的"高见"，寻求为旅客解决问题的方案。

（4）冷静思考者——理。这类旅客遇事沉稳、冷静、客观，不易冲动，具有较强的自我控制能力。面对这种类型的旅客，要对其晓之以理，阐明相关规定，向其表示出希望解决问题的诚意。

（5）生性多疑者——诚。这类旅客对周围的人或事容易产生怀疑，甚至是规定也会持有怀疑态度。面对这类旅客应以亲切的态度与其交谈，千万不要与其争辩，更不能向其施加压力。在处理时，要注意观察旅客的困扰之处，以朋友般的语气与其交流，之后再说明相关规定，使其信服。

2）采取清空不满法

CLEAR——清空：

C，control，控制你的情绪；

L，listen，倾听旅客诉说；

E，establish，建立与旅客"共鸣"的局面；

A，apologize，对旅客的情形表示歉意；

R，resolve，提出解决方案。

（1）控制你的情绪。当旅客提出投诉时，往往心情不好，其语言或行为可能是不耐烦的，甚至带有攻击性。受其影响，乘务员容易产生冲动，丧失理性，这样会使得事态发展更加复杂。因此，要懂得控制自己的情绪。旅客提出投诉是因为他们的需求没有被满足。所以，乘务员应充分理解他们可能表现出的失望、愤怒、沮丧或其他过激情绪等。

以下建议可能会对你有所帮助。

① 学会深呼吸，平复自己的情绪。

② 衡量问题的严重程度。

③ 以退为进。

④ 如果有可能的话，给自己争取更多的时间。

（2）倾听旅客诉说。静下心来积极、细心地聆听旅客的说话内容，在字里行间找到旅客投诉问题的实质和旅客的真实意图，了解旅客想表达的感觉与情绪。倾听也是让旅客的情绪得到宣泄的方式，辅以语言上的缓冲，为发生的事情向旅客道歉，表示出与旅客合作的态度。这样既让旅客将抱怨一吐为快，也为自己后面提出解决方案做好准备。

以下建议可能会对你有所帮助。

① 要学会全方位倾听，比较你所听到、感受到和想到内容的一致性，揣摩弦外之音。

② 不要打断旅客的陈述。

③ 明确旅客投诉的内容，如果有不清楚的地方，要请旅客进一步说明，但措辞要委婉。

④ 向旅客表达他是被重视的。

（3）建立与旅客"共鸣"的局面。共鸣就是站在旅客的立场，对他们的遭遇表示理解。当旅客投诉时，他们最希望自己的意见受到对方的尊重，自己能被别人理解。建立与旅客的共鸣就是要促使双方交换信息、思想和情感。

以下建议可能会对你有所帮助。

① 学会适时地复述旅客说的话，用自己的话重述旅客投诉的原因，可略微夸大旅客的感受。

② 对旅客的感受做出积极回应。

③ 表现出对旅客观点的理解。

（4）对旅客的情形表示歉意。投诉发生，即使是客观原因或他人原因造成的，也不要推脱责任，这么做只会使旅客对公司整体留下不好的印象，其实也就是对你留下坏印象。发自内心地向旅客表示歉意，即使旅客是错的，也要为旅客情绪上受到的影响表示歉意，使旅客的情绪趋于平静。

以下建议可能会对你有所帮助。

① 即使在问题的归属上还不是很明确，需要进一步认定，也要首先向旅客表示歉意，但不要让旅客误以为公司已完全承认是自己的错误，只是为情形而道歉。

② 可以用这样的语言："让您不方便了，对不起。""给您添了麻烦，非常抱歉。"这样的道歉既有助于平息旅客的愤怒，又没有承担可导致旅客误解的具体责任。

（5）提出解决方案。在耐心地倾听、与旅客产生共鸣和向旅客表示歉意之后，就要把重点转到旅客最关心的问题上——如何解决。应迅速就目前的具体问题，向旅客说明各种可能的解决办法，或者询问他们希望怎么办，充分听取旅客对问题解决的意见，然后确认方案，进行解决。

以下建议可能会对你有所帮助。

① 要确认旅客已经理解。

② 争取重新获得旅客的信赖。

5.3.4 旅客投诉处置案例

旅客提出投诉是服务工作有缺失的信号，乘务员应该视旅客的投诉为发现服务缺失、改进服务缺陷的机会。投诉处置也考验着乘务员的沟通技巧，妥善地处置、积极地弥补能够化危机为转机，消除旅客的不满，获得旅客的谅解，重新赢得旅客的好感。

案例一：巧解咖啡危机

头等舱乘务员在进行服务时，不小心将一杯咖啡泼在了旅客身上。这位旅客穿着熨烫平整的衬衫，正用着平板电脑。乘务员只能硬着头皮道歉："先生，对不起，实在抱歉，我弄脏您的衣服了，实在对不起！"但这句"对不起"并不能平息旅客的不满，因为他将要穿着这身衣服去开会，而且咖啡溅到了电脑上。这时候乘务长端着龙井茶走来，态度诚恳地说："先生，是我们的乘务员给您带来了困扰吧，看您很不开心的样子。"旅客没有回答。"既然咖啡给您带来了不愉快，不如换杯茶品尝一下吧，是我亲手为您冲泡的。"旅客仍然不说话。"有时候，出差开会，烦心事是挺多的，这样一直飞来飞去，有时候比我们飞得得多呢。不过我们能相遇在一个航班中，也是一种缘分呢！"旅客继续沉闷。"不如这样吧，我们的乘务员让您不高兴了，我让她给您准备些小点心，稍后我再来。"说完，乘务长就离开了，并且嘱咐乘务员为该旅客送上点心，擦拭衣服上的污渍，清除电脑上的咖啡渍。随后，乘务长向旅客介绍了公司新推出的快速补偿方案，并且特别示意自己明白旅客并不看重这种补偿，但还是希望旅客能够接受。整个过程旅客都没有过多地说话。下降前这位旅客对乘务员说了一句："刚刚不好意思啊，我态度不好。"一句简单的话，让乘务员感到欣慰和释怀。

点评：对于一位商务出差的旅客，被饮料泼在身上无疑是一件很恼人的事情。乘务长审时度势，用一杯茶转移了他的注意力，随后积极地弥补，有理有节的举动让旅客回归理智。当旅客生气的时候，乘务员要用一颗包容的心与旅客相处，诚恳的态度终会获得旅客的理解。当然，作为乘务员，练就娴熟、少出差错的服务技能是基本功，首先要让旅客安然度过一段旅途，在这基础上才可以追求舒适性，毕竟谁也不喜欢自己的衣服和电子设备被饮料"光顾"。

案例二：敏锐觉察快速弥补

在由上海飞往广州的航班上，当乘务员巡视客舱时，有位乘客叫住了乘务员，说："阅读灯开不了。"乘务员尝试开这个阅读灯，确实没有亮，但是前后排的阅读灯是好的，显然是这个阅读灯坏了。于是乘务员很随意地说了句："这个坏了，要不换个座位吧！"说完也没有其他行动便走了。起飞后，这位旅客按了呼唤铃，询问是否有耳机，乘务员又立刻回应道："不好意思，我们飞机上没有耳机的。"说完就走了。这位旅客对乘务员已非常不满。此时，巡视客舱的乘务长听到了他们的对话，到厨房问了乘务员刚才的情况，感觉到情况不对。于是，乘务长立刻带领当事乘务员给这位旅客道歉，旅客见乘务长重视他的感受，最终表示接受乘务员的道歉。

点评：机上设施出现了问题，影响了旅客的使用，但是乘务员既没有道歉，也没有采取弥补行动，言下之意是让旅客自己换个座位就解决了，和他没有关系。当这位乘务员再次简单地回答旅客关于机上是否有耳机的问题后，旅客被他散漫的态度激怒了。幸好有敏锐的乘务长及时发现旅客的不满，立即采取道歉等弥补措施，才以最快的速度化解了一件可能发生的旅客投诉。如旅客的不满已经发生，最好的处置是通过诚恳的努力把抱怨和投诉扼制在萌芽状态中，尽量在客舱里得到解决，避免抱怨或投诉进一步升级。案例中的乘务员毫无旅客服务意识，没有用心投入服务工作，招致旅客投诉也就成为必然。

改进意见：当旅客提出阅读灯不能使用，乘务员要意识到这是航空公司的问题，因为这个座位的设施不能供旅客使用，是公司没有维护好设备，因而影响了旅客乘机过程的舒适性。所以乘务员在确认设备的确不能使用后应首先向旅客赔礼道歉，然后帮助旅客调换座位。乘务员可以观察周围有没有空座位，确认要调整的座位的服务设施可以正常使用后，向旅客提议："您是否愿意换到这个座位？这个座位的设备都是好的。"得到旅客应允后，乘务员可以帮助他将随身物品一起搬过去。因为设备不好让旅客调整座位给旅客添了麻烦，所以乘务员还应该礼貌地说："对不起，给您添麻烦了。"

案例三：被激怒的金卡旅客

旅客王先生致电航空公司客服电话，投诉其所乘坐的航班服务令人失望。王先生是该公司金卡会员，但乘务员无法像往常一样通过移动数据查询到他的金卡身份，导致其未能在第一时间享受到金卡旅客应有的服务。王先生向乘务员提出需要一双拖鞋，乘务员表示拖鞋优先满足金卡旅客，王先生向乘务员表示他就是金卡旅客，但未随身携带金卡，不过登机牌上标有金卡的标识，可证明其金卡身份。然而乘务员却不愿主动核实旅客的金卡身份，回到服务舱发现拖鞋已经发送完毕，随即告诉王先生拖鞋已发完，王先生很生气。随后，另一位乘务员设法为王先生提供了一双拖鞋，却直接表示这是其他金卡旅客转让给他的，王先生大为不满，要求乘务长出面解决此问题。当班乘务长获悉后，与旅客进行了沟通，但始终未表明其乘务长身份，旅客认为自己的问题未被重视，下机后致电航空公司客服中心提出投诉。

点评：一而再、再而三地激怒旅客，整个乘务组的做法实在缺乏服务意识和服务智慧。可能是由于当时的网络信号问题，乘务员无法通过移动数据查询到王先生的金卡身份，但当王先生提出可以在登机牌上识别其金卡身份时，乘务员未予理会。另一乘务员设法为王先生送去拖鞋，本来值得称赞，但由于缺乏语言技巧，挫伤了王先生的自尊心，直接触发了他的不满。乘务长虽然出面与王先生沟通，但因未表明其客舱管理负责人身份，未满足旅客的心理需求，进一步激化了矛盾，反映出乘务长在旅客投诉处置过程中未意识到问题的严重性，缺乏敏感度，未能掌握旅客真正的诉求，错失了旅客投诉处置的最佳弥补时机，使得这起投诉逐步升级。

改进意见：乘务员可以积累掌握多种核实旅客金卡身份的方法，当移动数据不能提供时，仍然可以确认金卡旅客的身份，确保金卡旅客能享受到公司规定的优享服务。此案例中，如乘务员主动核实了王先生的金卡身份，就应立即为王先生提供金卡旅客服务，并因核实身份延迟了服务时间向其致歉。乘务员服务时一定要站在旅客的立场，把握旅客的需求，与旅客沟通和解决问题时，以让旅客感受到被重视、被尊重为原则。如需乘务长出面解决问题，乘务长应首先向旅客表明自己的身份，为本次航班服务令旅客不快表示歉意，表达对旅客意见的重视和积极改进的意愿，并视旅客的投诉为改进工作的机会。诚恳的态度和妥当的处置定能平息旅客的怒气、化解旅客的不满，重塑公司的形象。

案例四：逐步升级的不满

旅客严女士因为服用了感冒药需要休息，向乘务员提出毛毯需求。但当日毛毯已经发放完毕，乘务员随意地回答她毛毯已发完。在后续服务中，该乘务员为儿童旅客提供了毛毯，恰巧被严女士看到。提供餐饮时，该乘务员在严女士已熟睡的状态下粗暴地吵醒她，询问是否需要用点心，随后又未提供点心给她。严女士询问该乘务员姓名，该乘务员懒散地走过来，拿着清洁袋写下自己的名字交予旅客，未询问原因也未进行任何沟通，且整个航程中，该乘务员始终无笑容、无敬语。严女士最终向民航总局提出投诉。

点评：乘务员缺乏换位思考的服务意识以及冷漠的服务态度令旅客感到自己未受到尊重，这是旅客提出投诉的主要原因。当旅客的需求未能得到满足，乘务员未能从旅客的角度出发，做好旅客需求的进一步沟通，而是简单答复，给旅客留下了乘务员服务态度冷漠、工作积极性不高的不良印象。乘务员在为其他旅客服务时，忽略了当事旅客的需求，又在后续服务中惊扰了旅客休息，且未及时察觉和弥补，致使矛盾升级。在餐饮服务中，乘务员未做好旅客动态的观察，服务随意性大。旅客向乘务员索取姓名是对服务不满的信号，但乘务员未引起重视，而是以无所谓的态度对待，未进行及时致歉和沟通，且未将旅客的反应及时向乘务长汇报，致使乘务长错失了在航班中进行服务弥补的最佳时机，最终导致了旅客向民航总局投诉，给公司带来了负面影响。

改进意见：当毛毯已经发送完毕，又有旅客提出需要毛毯时，乘务员应先向旅客致歉，说明毛毯已经发送完毕，同时观察询问旅客是否需要其他帮助。本案例中，乘务员如经过询问就可以了解到严女士患了感冒，可采取其他措施帮助她。例如，可以观察是否有旅客拿了毛毯却没有使用，与其商量能否提供给正在生病的旅客；关注严女士的休息状况，为她营造一个适于休息的环境，在她醒后适时送上一杯热水，这些体贴的举动会消除严女士对没有得到毛毯的不满。如果在服务中不小心惊扰了严女士，乘务员应立即致歉，及时以其他服务予以弥补。当严女士流露出对服务不满时，乘务员应诚恳地向严女士沟通致歉，及时消除误会，并将此事件报告乘务长。乘务长应尽快与旅客沟通，认真倾听旅客的意见，真诚化解旅客的不满，从而避免旅客投诉到公司外部，为公司挽回形象。

案例五：多余辩解致投诉

在由广州飞往杭州的航班上，乘务员正在收取旅客用完的餐盒。坐在 17 排 C 座的旅客将三个餐盒递给乘务员，其中一个餐盒内有未喝完的橙汁。乘务员在操作时，餐盒内的橙汁正好溅到 16 排 C 座旅客的头发上。乘务员见状立即向旅客致歉并将旅客的头发擦拭干净，但在言语中提到是另一旅客把饮料放在餐盒内所致，旅客感到乘务员在辩解而表示要投诉。

点评： 这是由于乘务员服务技能和经验的欠缺导致的差错。乘务员在收取餐盒时未考虑到盒内有饮料的可能性，未提前防范。当事实已经造成，乘务员未认识到是自己的工作不到位造成的，还在旅客面前寻找客观理由。事实上，收取旅客用完的餐盒和饮料时，进行整理、合理摆放、防止液体漏出等都是乘务员的工作职责。

改进意见： 乘务员回收餐盒、饮料时，动作要轻而稳，不断积累经验，做好防范，既优雅大方又要避免将油污或液体溅到旅客身上。如发生差错，应在第一时间用规范的礼貌用语诚恳地向旅客致歉，同时为旅客处理弄脏的衣物，不要寻找客观理由。

案例六：安全与服务的矛盾

在由哈尔滨飞往上海的航班上，飞机正在下降，一位旅客按响呼唤铃，希望乘务员为其不满百天的婴儿往奶瓶里加温水。但乘务员不予应答，只是通过广播告知旅客飞机下降期间无法提供服务。于是该旅客第二次按呼唤铃，乘务员虽前往应答，但未和旅客做任何沟通便回到厨房将奶瓶放在一边后自己入座了。由于婴儿哭闹加剧，旅客在不明原因的情况下只能自行前往后舱取回奶瓶。此时飞机即将着陆，乘务员情急之下用手推搡旅客的身体并要求对方立刻回座位坐好，旅客不满。落地后，旅客寻求乘务长帮助，希望给予合理的解释并要求提供该航班乘务员的姓名，但乘务长拒绝。旅客遂提出以下投诉：

（1）乘务员不能及时应答旅客的呼唤铃，满足本人的需求；

（2）乘务员应答呼唤铃时未和本人有过任何沟通，且迟迟未将奶瓶送回；

（3）由于婴儿啼哭加剧，情急之下，本人只能自行前往后舱工作区域取回奶瓶，却发现乘务员把奶瓶丢在工作台面的角落；

（4）乘务员发现本人后，用训斥的口吻命令本人快回座位坐好，并用手推搡本人。

旅客认为，该航班的乘务员服务不够人性化，在面对旅客有特殊需求时不能及时给予帮助且对待旅客的态度极为冷淡，乘务长也未能给予合理的解释。

点评：乘务员在安全和服务发生冲突时，缺乏灵活应变能力，乘务员不了解带婴儿乘机旅客的服务需求，未能站在旅客的角度运用换位思考法去分析和解决问题。根据安全规定，飞机下降时，乘务员不能做与安全无关的工作。乘务员虽然前往旅客座位，但未与旅客做沟通就返回，致使旅客不清楚乘务员是否会满足她的服务需求，以至于旅客在飞机下降的关键阶段离开座位，做出了去后舱寻找奶瓶的举动，造成了安全隐患。而乘务员不能急旅客之所急，将旅客的需求放在一边，只知机械地执行安全规定，情急之中竟粗暴地推搡旅客，给该旅客留下极为不良的乘机感受。案例暴露出乘务员服务主动性不强，为旅客着想不足，灵活处置问题的能力不强。当旅客就此事向乘务长提出投诉时，乘务长也未很好地与旅客做好致歉和沟通工作，让旅客带着愤怒下机，对整个乘务组提出投诉也在情理之中。

改进意见：旅客在下降时按响呼唤铃，在安全状况允许的情况下，乘务员应该前去应答，了解旅客有什么需要，然后评估需求的紧急和重要程度，是否需要立即满足，还是可以在落地后再完成。案例中，乘务员应该了解旅客急于给奶瓶加水的原因，如飞机确实已进入着陆前的关键阶段，就应该告知旅客："对不起，现在飞机马上就要着陆了，为了您的安全，请您在座位上坐好并抱好婴儿，我会为您准备好温水，待飞机落地后马上就给您送来。"一番沟通使旅客意识到飞机已进入飞行的关键阶段，理解乘务员无法再为她提供服务，但乘务员会在落地后就给她准备好婴儿喝水的奶瓶，令她放心。随后，乘务员在奶瓶中冲入温度适宜的温水，飞机落地后即刻送到婴儿母亲手中。当安全与服务发生矛盾时，乘务员应该首先执行安全规定，但不能简单拒绝旅客的服务需求，要向旅客说明原因，让旅客理解"安全第一"的工作理念也是为了确保他的安全，然后再择时为旅客提供其所需要的服务，做到安全与服务两不误。如果因乘务员未处置得当导致旅客向乘务长提出投诉时，乘务长应该迅速了解事情原委，诚恳地向旅客致歉，并采取弥补措施，积极争取旅客的谅解，避免投诉的发生。

思考与练习

1. 简述乘务员与旅客沟通的必要性。
2. 简述沟通的原则。
3. 简述沟通中倾听的技巧。
4. 简述在受到旅客表扬时，乘务员应如何对待。
5. 简述投诉对企业形象的影响。
6. 简述投诉处置的原则和相关处置方法。

项目 6

民航客舱急救

思政教育目标

通过学习民航客舱急救知识与技能，树立"人民至上""生命至上"的理念。

知识技能目标

◎了解人的四大生命体征，熟练掌握机上急救的一般原则、机上急救程序、各类不同程度疾病的处理以及心肺复苏的操作步骤和方法。

◎了解颈、背部损伤、擦伤、关节扭伤和脱位的处理方法，熟练掌握止血、包扎和固定的操作步骤与方法。

◎了解并能判断与航空活动有关的疾病及机上常见疾病的发病特征，熟练掌握各类常见病的处置步骤与方法。

项目导引

空中医疗急救再发力！东航携手医疗专家构建空中急救"防护墙"

飞机被公认为是世界上最安全的交通工具之一，但是，对于某些身体有潜在疾病的人来说，高空增压和密闭客舱环境还是存在一定风险的。

2021 年 6 月 15 日，中国东航与上海医师志愿者联盟在上海签署战略合作仪式，双方将全面发力客舱医疗救助志愿服务、空中医疗志愿者队伍开发及维护等重点领域，为旅客安全出行保驾护航，更好地服务于全社会医疗急救水平的提升。

2017 年，中国东航与上海医师志愿者联盟签署共建合作协议，启动"东航空中医疗专家"项目。该项目多次在民航及高铁等交通运输出行中，对旅行途中的突发急病及受伤旅客提供及时的医疗救助服务。参与人员也从最初的 120 余名医疗专家发展到目前的 800 余名，成为空中医疗急救主力军。

例如，2021年5月1日，在由广州飞往西安的东航MU2259航班上，上海医师志愿联盟资深医疗专家、西安和平中医医院骨科主任医师王仁以"东航空中医疗专家"的身份，救助了一名在机上感到胸闷气短、呼吸困难，有心悸病史的男性乘客。机上迅速、有效的救助，及时缓解了乘客的危急病痛，得到了当事人与机上乘客的高度赞誉。

中国东航还利用信息技术建立医疗专家档案库，并利用机载设备在航班上自主识别、联络医疗专家，一旦空中有旅客身体不适或者需要其他的医学帮助，机组人员将与医疗专家一起，第一时间展开专业救护工作，为挽救生命争取"黄金时间"。此外，中国东航还拥有近百架具备空中WiFi功能的国内最大的空中互联机队，通过空中WiFi技术能够实时与地面医生沟通，在地面医疗专家的指导下开展紧急救治工作，于蓝天之上构筑起一道守护生命的坚实屏障。

我国民用航空发展迅速，空中紧急医学事件也呈逐年上升趋势。中国东航提出各项举措，如加强对机组人员的培训以提升航空公司机上急救处置能力，扩大空中医疗志愿者队伍，开展机上远程医疗，推广登机前医疗咨询以减少空中紧急医学事件，提升机场急救处置能力，加强机场与航空公司之间的衔接，建立"常旅客医疗信息"系统等，让旅客生命健康有更大的保障。

未来，中国东航将持续探索机上旅客救助救护的新方式、新课题，投入更多的资源和力量，保证旅客生命安全，就民航医学中的难点与医师联盟一同开展课题研究及重点突破，为旅客筑起一道空中飞行健康安全的"防护墙"。

任务 6.1　机上急救处置

机上急救是在飞机上对于病人紧急救治，是指当有任何意外或急病发生时，机上的乘务员或旅客在医护人员到达前，按医学护理的原则，利用现场适用物资临时、适当地对遭遇意外或突然发病者进行的初步救援及护理，以等待医生到来或者送往医疗单位诊治。

6.1.1　人的四大生命体征

生命体征包括体温、脉搏、呼吸、血压。在正常情况下，四大生命体征互相协调、互相配合，维持生命。在异常情况下互相影响，危及生命。

1. 体温
人的正常的体温是37 ℃左右，它与年龄无多大关系。人的机能只有在正常体温下才能正常工作。

成人：36.3～37.2 ℃（口测法5 min）；36～37 ℃（腋测法10 min）。

2. 脉搏
脉搏是指由检查腕部或其他部位的动脉而数得的每分钟心跳的次数，以"次/分"记录。

脉搏会因各种病理或生理情况而改变，它代表循环的状况。

正常的脉搏：成人，60～100 次/min；婴幼儿，130～150 次/min；儿童，110～120 次/min；老年人，55～75 次/min。

3. 呼吸

呼吸是人体获取氧气的方式，也是喘气的频率，一次呼吸为呼出和吸入两个过程。呼吸也会因各种生理或病理情况而改变。

正常的呼吸频率：成人，16～20 次/min；儿童，30～40 次/min。

4. 血压

血液在血管壁的压力称血压，是循环系统的重要标志。心脏收缩时，动脉内最高的压力为收缩压；心脏舒张时，动脉内最低的压力为舒张压。

成人正常的血压：高压（收缩压）90～140 mmHg；低压（舒张压）60～90 mmHg。

6.1.2 机上急救一般原则

采取及时有效的急救措施和技术，最大限度地减少伤病的痛苦，降低致残率和死亡率，为医院抢救打好基础。遇到紧急情况后，客舱乘务员应该保持镇静，在急救时应该选用恰当的言辞来表达出乘务员愿意并有能力帮助处理病人的伤病。在急救的过程中只限于采取必要的措施，而不是诊断某人病情或进行预先治疗，直到专业医务人员到达。采用急救常识是提供急救工作中的重要部分，必须遵守以下 6 条原则。

1. 先复后固

遇有心跳呼吸骤停又有骨折者，应先用口对口人工呼吸和胸外按压等技术使肺脑复苏，直至心跳呼吸恢复后，再进行固定骨折。

2. 先止后包

遇有大出血又有创口者时，先立即用指压、止血带等方法止血，再消毒伤口进行包扎。

3. 先重后轻

遇有垂危和较轻的伤病员时，应优先抢救危重伤病员。

4. 先救后运

在到医院以前，不要停止抢救措施，注意观察病人病情，少颠簸，注意保暖，直至目的地。

5. 急救与呼救并重

最快地争取到急救外援，要镇定地分工合作。

6. 搬运与救护一致

搬运和救护不能分家，合二为一。

6.1.3 机上急救程序

1. 伤势评估

（1）将自己的身份告知于生病或受伤的旅客，你是机组客舱乘务员，愿意提供帮助或协助。

（2）取得同意后提供帮助。如果旅客尚有意识，询问他是否需要帮助。如果旅客只是轻微的精神或感情受到干扰，应取得其家人或监护人的同意后提供帮助。如果旅客已失去知觉，即暗示已经同意乘务员提供帮助。

（3）询问发生了什么事，寻求医务信息。快速询问旅客或周围旅客一些具体问题，以确定发生了什么，以及他/她的病情和伤情。询问旅客是否有预备的药物及原先的医疗情况。如果旅客已失去知觉，检查其个人物品中有无药品和医疗诊断。

（4）检查医疗警戒标志。快速检查旅客脖子或手腕上的医疗警戒标志，该标志将提供有关此人的已知医疗问题、医疗警戒系列编号和 24 h 医疗报警电话号码方面的信息。

2. 与机组人员沟通和协调

（1）寻求帮助。通知其他乘务员以寻求帮助。

（2）通知机长。如果出现威胁生命的紧急情况，机长可能会要求备降，以使旅客尽快得到医疗救治。

（3）如有需要，广播寻求医疗协助。

（4）如果找不到专业的医务人员或无法立即着陆，机长可与飞行控制台联系。该台可 24 h 与国际空港急救组织（AAI）联系。

（5）如有需要，准备好急救设备。

3. 初步检查

初步检查可查出威胁生命的原因。在检查过程中按需要提供急救。初步检查中需要了解的急救处理的 ABC 如下。

（1）A，气道（airway）：气道是否畅通。

（2）B，呼吸（breathing）：是否还有呼吸。

（3）C，循环（circulation）：心脏是否还在跳动，是否有严重出血。

6.1.4　机上急救注意事项

（1）提供急救时，注意保护自己和旅客，以减少被感染的危险。

（2）避免皮肤或嘴巴直接接触病人的血液和伤口等。

（3）采用某种保护措施以防止皮肤直接接触病人的任何体液。建议用手套、塑料袋、清洁纱布或餐巾等。

（4）在提供急救时应戴上口罩，急救后尽快洗手。

（5）如果在提供急救时接触了病人的任何体液，被接触的机组人员应报告实情。

（6）急救时采用急救药箱，用来清洁被病人的体液污染的东西。

6.1.5　疾病处理

1. 轻微事故或疾病的处理

（1）将事件报告乘务长和机长。

（2）必要时，在飞机抵达前通知目的地机场。

（3）了解事故或病人附近 2～3 名旅客的姓名和家庭地址，并做好记录。

（4）乘务长应将所采取的急救措施及急救过程进行记录。

2. 严重事故或疾病的处理

（1）立即通知乘务长和机长，给出下列信息：

① 病人的姓名、地址、性别和年龄；

② 病人的目的地；

③ 着陆后需要的医务帮助种类；

④ 症状，包括有无知觉；

⑤ 如有医生协助，医生的名字和证件。

（2）经机长同意，了解事故或病人附近的 2～3 名旅客的姓名和家庭地址，采用记录和旅客签名的方法。

3. 飞行中死亡事件的处理

（1）乘务员没有资格宣布病人的健康状况，应按照急救原则进行处置。同时注意客舱控制，以免惊吓其他旅客。

（2）尸体处理。

① 如可以，将尸体放于座位上，疏散周围旅客。

② 建议将尸体束缚在座位上或其他某个地方，应考虑将其遮盖以免引起其他旅客的恐惧和伤感。应用纱布或小毛巾塞住口、鼻、耳和肛门，避免体液流出。

③ 飞机降落后，乘务员应与地面工作人员做好信息的沟通，并配合工作人员的工作。

④ 抵达后，未得到当地有关部门的许可前，不要搬动尸体。

⑤ 尸体运走后，有关部门必须对机舱进行消毒和处理。

6.1.6　心肺复苏

对于在短时间内出现的呼吸和心跳停止的病人，如果能立即进行人工呼吸和心脏按压将会为进一步的救治争取到宝贵的时间，甚至可以直接救活病人。

1. 判断意识

（1）呼叫（要表达出你的关切）。

（2）拍或摇晃病人的肩部。如果没有反应则应立即进行以下处置。

2. 开通气道

方法是使病人仰卧于硬板或地面上，头后仰、下颌抬起，使下颌角与耳垂连线与地面连线垂直，取出口腔内的异物，如假牙等。开通气道有以下三种方法。

1）拉颌法

图 6-1 所示为拉颌法。

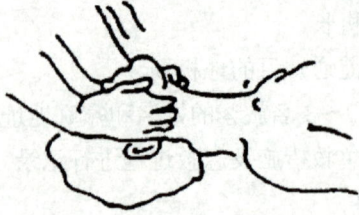

图 6-1　拉颌法

2）仰头举颈法

图 6-2 所示为仰头举颈法。

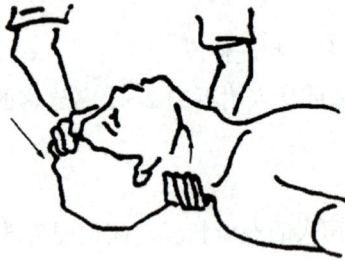

图 6-2　仰头举颈法

3）仰头拉额法

图 6-3 所示为仰头拉额法。

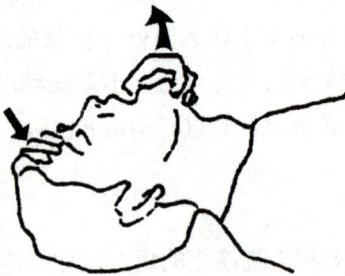

图 6-3　仰头拉额法

3. 检查呼吸

开通气道后要立即检查有无呼吸，图 6-4 所示为检查呼吸。检查呼吸应做以下行动：

① 看有无胸腹部起伏运动；

② 听有无呼吸音；

③ 感觉口鼻部有无气流。

如果以上三项均无，则应立即进行人工呼吸。

图6-4　检查呼吸

4. 人工呼吸

采用简单有效的口对口吹气方法。

在保持呼吸道通畅的基础上，一手捏紧病人的鼻孔，吸气后张口包牢病人的口部并向内吹气（有效的吹气应使病人胸腹部鼓起）。以每分钟12～16次的速度连续吹两次，如果气吹不进应再次确认病人气道是否开通或口鼻咽腔内有无异物。如发现有异物应清理干净后再行吹气。

1）气道阻塞的两种情况

（1）舌根阻塞，如图6-5所示。

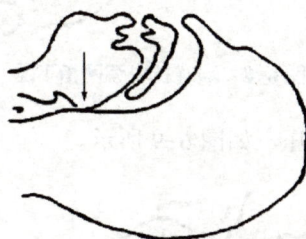

图6-5　舌根阻塞

（2）异物阻塞，如图6-6所示。

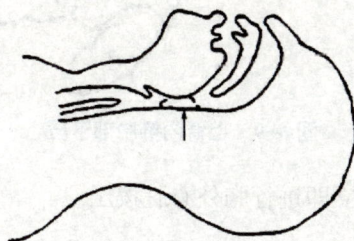

图6-6　异物阻塞

2）口对口吹气

图 6-7 所示为口对口吹气。

图 6-7　口对口吹气

5. 检查脉搏

吹气两次后应立即检查颈动脉有无搏动。如颈动脉没有搏动，应立即进行脉搏检查。

（1）成人：喉咙正中旁两指下压，如图 6-8 所示。

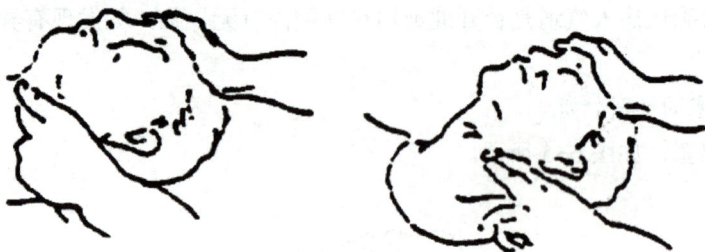

图 6-8　喉咙正中旁两指下压

（2）儿童：上臂内侧中部下压，如图 6-9 所示。

图 6-9　上臂内侧中部下压

如果没有测到脉搏，则应立即进行胸外心脏按压。

6. 胸外心脏按压

1）定位方法

（1）成人定位，如图 6-10 所示。急救者右手中指沿病人肋弓上移至胸骨下切迹（肋弓与胸骨接合处），食指紧靠中指起定位作用，左手掌根置于定位处，右手压于左手背上。

图 6-10 成人定位

（2）儿童定位，如图 6-11 所示。

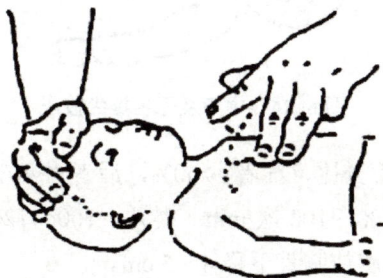

图 6-11 儿童定位

2）按压方法

（1）病人仰卧于硬板或地面上，注意保暖。

（2）借操作者的体重向脊柱方向带有冲击性地按压，但绝不能用力过猛过大（因暴力可引起肋骨骨折、心包积血），以能使胸骨与其相连肋骨下降 4～5 cm 为宜，以间接压迫心脏，接着迅速放松，使胸骨复原，心脏舒张。

① 成人：双手掌根重叠，如图 6-12 所示。

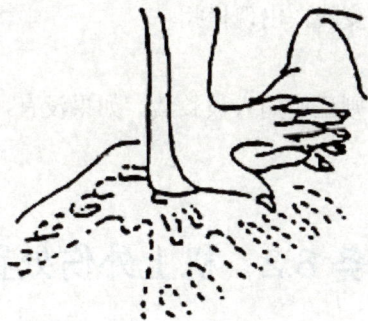

图 6-12 双手掌根重叠

② 儿童：单手掌根按压，如图 6-13 所示；中指及无名指尖按压，如图 6-14 所示。

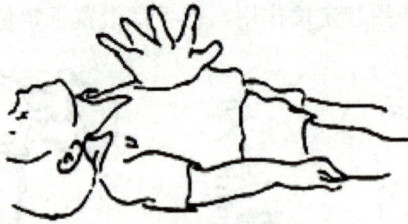

图 6-13　单手掌根按压

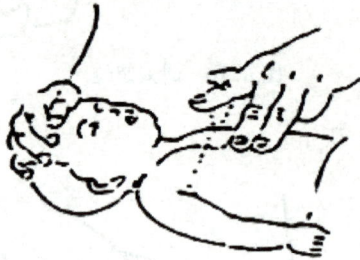

图 6-14　中指及无名指尖按压

（3）挤压与放松之间的百分比，前者占 60%，后者占 40%。

① 下压的速度：成人，80～100 次/min；婴儿，100～120 次/min。

② 下压的力量：成年人应使胸骨下降 4～5 cm。

7. 吹气与按压心脏应交替进行

（1）一人操作：吹气 2 次，按压心脏 15 次。

（2）二人操作：一人吹气 1 次，另一人按压心脏 5 次。

8. 有效指征

（1）能摸到大动脉搏动。

（2）面色、口唇、甲床及皮肤等色泽转红。

（3）散大的瞳孔出现缩小。

（4）有吞咽反应。

（5）意识逐渐恢复，昏迷变浅，出现挣扎。

（6）自主呼吸恢复。

如果出现以上有效指征，则证明病人被救活。如果没有，则继续抢救，直至其他乘务员或专业的医护人员到来。

任务 6.2　机上外伤处置

机上外伤急救的正确操作将达到三个目的：保存生命——止血；避免恶化——处理伤口，固定骨部；促进复原——避免非必要的移动、谨慎处理，以专业的要求将病人的痛苦降到最低，避免造成更大的伤害。

6.2.1 出血与止血

1. 外伤出血的判断

根据出血部位的不同，出血可分为内出血和外出血两种。

根据损伤血管的种类不同，出血可分为动脉出血、静脉出血和毛细血管出血三种。如是轻度出血，可用消毒无菌敷料敷于伤处并用三角巾或绷带包扎。

2. 外伤出血严重

先将受伤的肢体抬高到心脏水平以上，再采用下述方法止血。

1）压迫止血

只能短时间内使用，一般少于 15 min。

（1）直接压迫。用干净敷料盖在伤口上按压或紧急时直接用手按压。

（2）间接压迫。用手指压迫供应出血区域的动脉使其出血减缓。

（3）压迫止血图例。

① 直接压迫流血的伤口，如图 6-15 所示。

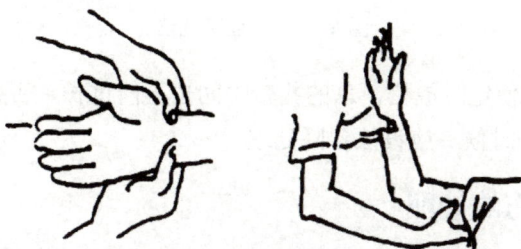

图 6-15 直接压迫流血的伤口

② 压迫损伤部的供血动脉，如图 6-16 所示。

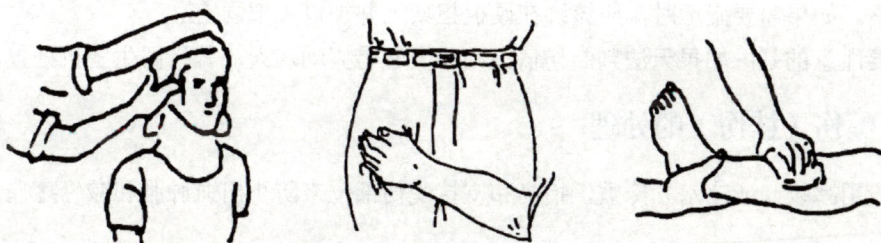

图 6-16 压迫损伤部的供血动脉

2）止血带止血

发生于四肢的严重出血，用其他方法止血效果不好时，可用止血带止血。因为是完全阻断整个肢体供血，特别应注意以下几点。

（1）止血带不能扎在皮肤上，应该先用布料包垫一圈再扎止血带。

（2）止血带应该绕肢体两周并在外侧打结。扎的时候松紧要适当，如果过松会使出血加重，过紧则容易致组织坏死，因此要以刚好止住出血的松紧度为宜。上肢的结扎部位应在上臂的 1/3 处，下肢的结扎部位应在大腿的中上 1/3 处。

（3）要定时放松止血带以使远端肢体得到血液，保证不会缺血坏死。一般应每 0.5 h 放松 2～3 min。

（4）应在扎带时立即记录准确的扎带时间并标放在明显的部位，这样才能保证准时放松。

（5）止血带扎法，如图 6-17 所示。

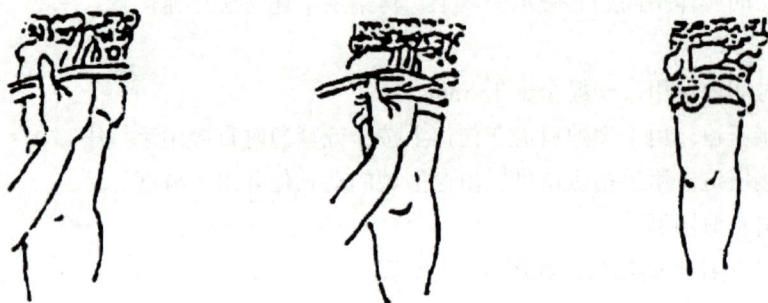

图 6-17　止血带扎法

此外还应注意，即使定时放松，总的扎带时间也不能过长，否则肢体也难免坏死，因此在航线超过 5～6 h 的时候，应设法备降处理。

6.2.2　颈、背部损伤的处理

颈、背部损伤的症状主要是颈或背部疼痛，并可能会有麻痹或瘫痪，感觉异常、没感觉或针刺样感，以及可能的大小便失禁。

机上发现这类病人时，要注意不要搬动病人，不要使病人抬头或扭头部，注意保暖并密切观察。如果需要搬运时，应该绑在硬板担架上并加以头部固定。

需要注意的是：如果无法判断伤情，则不要轻易搬动病人，等待医生上机处置。

6.2.3　擦伤（挫伤）的处理

一般用冰袋（或凉水）冷敷，抬高和支持受伤部位来防止出血肿胀和减轻疼痛。

6.2.4　损伤伤口的包扎

有损伤伤口时，必须及时加以处理，以尽量防止感染和严重出血，进行包扎即可达到此目的。根据所用材料的不同，包扎分为绷带包扎法和三角巾包扎法。

1. 绷带包扎法

1）起始法

图 6-18 所示为起始法。

图 6-18　起始法

2）环形包扎法

在起始法的基础上每圈都压在前一圈上直到包严。

3）螺旋包扎法

在起始法的基础上每圈压住前一圈的 1/2～2/3 直到包严，图 6-19 所示为螺旋包扎法。

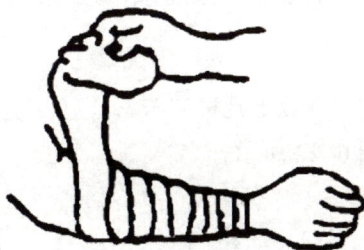

图 6-19　螺旋包扎法

2. 三角巾包扎法

三角巾可用于身体各部位损伤伤口的包扎，如头部、肩部、胸背部、腹部和四肢等都可用三角巾包扎。

1）头部风帽式包扎法

头部风帽式包扎法如图 6-20 所示，用于包扎脑后部及侧面部的损伤。

图 6-20　头部风帽式包扎法

2）头顶部头巾包扎法

头顶部头巾包扎法如图 6-21 所示，用于包扎头顶部的伤口。

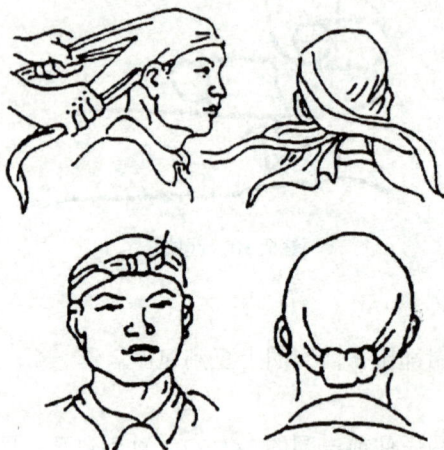

图 6-21　头顶部头巾包扎法

3）胸背部包扎法

用三角巾包扎胸背部的伤口有以下几种方法。

（1）燕尾式包扎法，如图 6-22 所示。

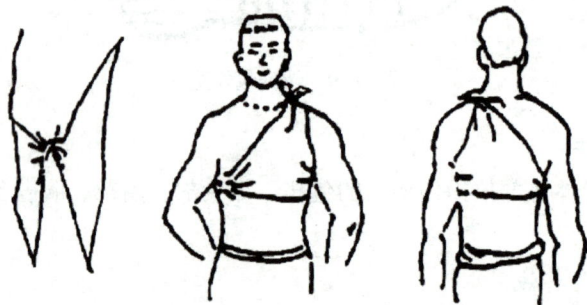

图 6-22　燕尾式包扎法

（2）侧胸包扎法，如图 6-23 所示。

图 6-23　侧胸包扎法

4）其他部位的三角巾包扎法

（1）肩部包扎法，如图 6-24 所示。

图 6-24　肩部包扎法

（2）腹部包扎法，如图 6-25 所示。

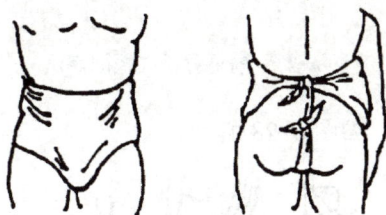

图 6-25　腹部包扎法

（3）手足包扎法，如图 6-26 所示。

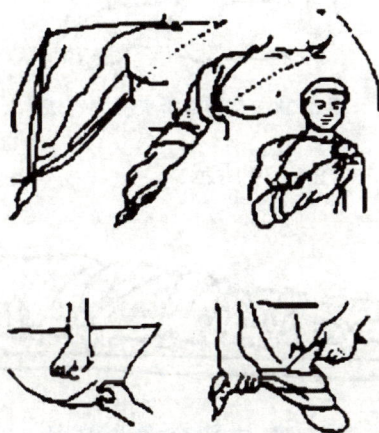

图 6-26　手足包扎法

6.2.5　骨关节损伤与固定

骨折分为单纯性骨折、开放性骨折和伴有并发症的骨折。

1. 单纯性骨折的表现及处理方法

（1）表现。受伤部位严重疼痛或触痛；受伤部位肿胀变形，与对侧的部位不对称；受伤肢体活动限制或处于不自然位置。

（2）处理方法。尽量用夹板把包括骨折部位上下方关节在内的骨折骨固定好；尽量使伤者舒适；不要试图去对接骨折处；上肢骨折要曲肘悬吊；要注意观察，做好保暖和防休克。

（3）肢体骨折固定。

① 前臂骨折夹板固定法，如图 6-27 所示。

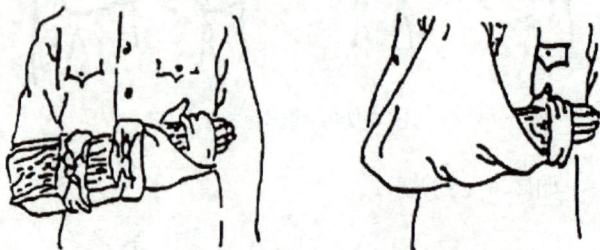

图 6-27　前臂骨折夹板固定法

② 上臂骨折夹板固定法，如图 6-28 所示。

图 6-28　上臂骨折夹板固定法

③ 大腿骨折夹板固定法，如图 6-29 所示。

图 6-29　大腿骨折夹板固定法

④ 小腿骨折固定法，如图 6-30 所示。

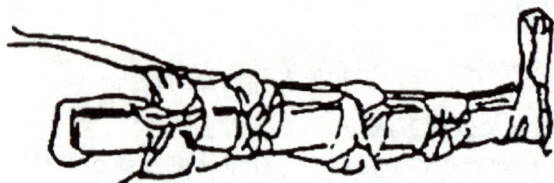

图 6-30　小腿骨折固定法

⑤ 前臂骨折衣襟固定法，如图 6-31 所示。

图 6-31　前臂骨折衣襟固定法

⑥ 上臂骨折三角巾固定法，如图 6-32 所示。

图 6-32　上臂骨折三角巾固定法

⑦ 大腿骨折健肢固定法，如图 6-33 所示。

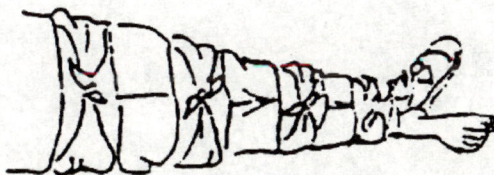

图 6-33　大腿骨折健肢固定法

（4）注意事项。

① 对于四肢骨折，如果不先固定而随意搬动的话，会造成骨折伤害加重，如骨折残端损害骨周围血管、神经。

② 对于脊柱骨折，如果不事先固定而随意搬动的话，会造成脊髓神经的损伤，造成病人瘫痪甚至危及生命。

③ 对于脊椎骨折，应该以病人的原始位置固定搬离。

④ 对于颈椎骨折，对颈椎轴动作幅度不宜过大，如有不慎会造成病人全身瘫痪。

2. 开放性骨折的表现及处理方法

（1）表现。除有单纯骨折的症状外，还有皮肤伤口或骨折断端可能刺到皮肤外面。

（2）处理方法。

① 止血：除非骨折断端刺到皮肤外面外，都要用直接压迫方式止血。

② 用消毒敷布盖伤口。

③ 固定骨折：按单纯骨折固定方法固定。

④ 密切观察，做好保暖和防休克。

3. 伴有并发症的骨折的表现及处理方法

（1）表现。除骨折症状外，还伴有其他损伤的症状。

（2）处理方法。按开放性骨折处理。

6.2.6 关节扭伤、脱位

1. 关节扭伤的表现及处理方法

（1）表现。

① 关节周围韧带撕拉或过伸。

② 关节肿胀。

③ 关节活动时疼痛。

（2）处理方法。

① 制动：使受伤关节尽量减少活动。

② 抬高受伤关节并作冷敷。

③ 用棉纱裹上后以弹性绷带包牢固定受伤关节。

2. 脱位的表现及处理方法

（1）表现。

① 骨头离开关节位置。

② 关节变形。

③ 不能活动。

（2）处理方法。

① 按单纯骨折加以固定。

② 不要试图复位关节。

③ 尽量减轻与脱位关节相连的肢体重量，可以采用悬吊肢体的方法。

任务 6.3　机上常见病处置

随着航空事业的不断发展，民航客机性能的提高和安全系数的增加，空难发生率显著降低，但是，客机舱内"低气压"的特殊环境和飞机起飞、降落及气流颠簸的"加速度"引发一些病理现象的情况多有发生。正确地处置机上常见病不但可以消除旅客的紧张情绪，还能为航空公司减少返航和备降事件而节能增效。

6.3.1　普通病症

1. 晕机

1）症状

（1）轻者表现为头痛，全身稍有不适、胸闷、脸色绯红。

（2）重者表现为脸色苍白发青、头痛、心慌、表情淡漠、微汗。

（3）更严重者表现为浑身盗汗、眩晕恶心、呕吐不止等难以忍受的痛苦。

2）处理

（1）先给病人准备一个干净的清洁袋备用。

（2）帮助病人把座椅调节到躺卧位，让其闭眼休息，同时深呼吸。

（3）打开通风孔，开通新鲜的空气，尽可能把病人调整到客舱的中部。

（4）及时送上温开水和毛巾，必要时在征求病人同意的情况下提供晕机药品。

（5）对于晕机严重的病人，可提供氧气。

2. 感冒

（1）要让病人多喝水，如果病症严重，在病人提出的情况下，可提供鼻黏膜收缩剂以保持鼻道或耳咽管通畅，防止下降时出现压耳。

（2）如果伴有发热、咳嗽、呼吸费力和脸色苍白，应给予其吸氧并及时寻求医务人员的帮助。

3. 哮喘

1）症状

（1）病人呼吸困难，尤其是呼出气费劲。

（2）病人常常坐直，并使身体前靠以帮助呼吸。

（3）病人常常很焦急，甚至说话困难。

（4）可以听到明显的哮鸣音。

（5）往往会咳出黏稠的痰。

2）处理

（1）安慰哮喘病人，使其保持镇静。

（2）如果病人带有药物，应该让其服下以助缓解。

（3）告诉病人坐直，使身体前靠以帮助呼吸。

（4）可以给病人吸氧以缓解症状。

4. 发热

1）症状

（1）严重肌肉痉挛，通常是在腿/腹部上。

（2）精疲力竭。

（3）头晕或脸色苍白。

2）处理

（1）松开病人的紧身衣物，让病人得到放松。

（2）给冷敷或冰敷，打开通风气道。

（3）检查病人有无伴发咳嗽、皮疹、黄疸或呕吐、腹泻等。

（4）如有频繁的腹泻应该采取座位隔离并限制其专门使用的盥洗室。

5. 耳压疼

1）症状

（1）突发的耳闷、耳聋、耳痛。

（2）耳鸣。

（3）头晕。

2）处理

（1）鼓励病人忍受，打呵欠，嚼口香糖，增加吞咽动作，捏鼻闭口吞咽，捏鼻吹张等。

（2）指导病人学会瓦氏呼吸（将口鼻闭住，深呼气，以进行咽鼓管充气检查）。

6. 鼻出血

1）症状

鼻孔流血。

2）处理

（1）让病人坐直。

（2）捏住鼻子（两侧鼻翼）以控制出血，施加压力至少 10 min。

（3）在前额及后颈部用冰敷。

（4）让病人休息。

（5）指示病人不要击打他/她的鼻子。

（6）可用明胶海绵纱条加压填塞法。

需要注意的是：如果怀疑头、颈或背受伤的话，请不要试着控制流血。相反，要稳定病人的头部并使他/她保持安静。

6.3.2　糖尿病

1. 症状

糖尿病昏迷和胰岛素休克的症状如表 6-1 所示。

表 6-1　糖尿病昏迷和胰岛素休克的症状

项目	糖尿病昏迷	胰岛素休克
饮食	过量	不足
胰岛素量	不足	过量
起病	渐起，需数日	突然，几分钟
病人表情	重病容	很虚弱
皮肤	发红、干燥	苍白、湿润
感染	可以有	没有
嘴	干燥	流涎
口渴	严重	没有
饥饿	无	重
呕吐	常见	不常见
腹痛	经常有	没有
呼吸	夸大的空气饥饿	正常
脉搏	快	正常
头痛	有	无
神志	由不安发展到昏迷	由淡漠发展到昏迷
震颤	无	有
尿糖	用胰岛素后 6～12 h 内缓慢改善	在口服含糖物（葡萄糖糖块、橙汁糖等）后恢复较快

2. 处理

（1）如果是胰岛素休克则给其饮用甜饮，几分钟后即可恢复。如果是较少见的高糖性糖尿病昏迷，因其已是糖分过高，给其饮用甜饮也无多大害处。因此在怀疑胰岛素休克或判断不清时应立即给其饮用甜饮。

（2）如肯定是糖尿病昏迷则不要给其饮用甜饮，尽快寻求医生帮助，并仔细查看病人有无带疾病的标识牌。

6.3.3 心脏病

这里主要指由于心肌缺血缺氧引起的冠心病。

1. 症状

（1）心前区疼痛，短时间内出现的胸骨后压榨感或窒息感，有时有濒死感。

（2）疼痛可放射到左肩左臂。

（3）脉搏常加快变弱，也可能有心律不齐。

（4）伴有出汗、心慌、气短、面色苍白，有时会昏迷。

2. 处理

（1）立即让病人卧位休息，并尽快给其吸氧。

（2）松开其紧身衣物。

（3）帮助病人服下自备的药，硝酸甘油片要含在舌下。

（4）如出现心跳呼吸停止，应进行心肺复苏。

（5）密切观察、关心和安慰病人。

（6）及时寻求医务人员帮助。

6.3.4 烧伤、烫伤

1. 一度烧伤、烫伤

1）症状

（1）局部呈红斑，轻度红、肿、热、痛、干燥，无水泡，拔毛痛。

（2）皮肤泛红、充血。

（3）肿胀呈中度。

（4）疼痛。

2）处理

（1）在烧烫伤部位敷上冷水或冷压布。

（2）需要的话，轻轻地绑上绷带。

（3）为休克病人提供急救。

2. 二度烧伤、烫伤

1）症状

（1）破的或鼓起的水疱，基底均匀发红或苍白。

（2）皮肤深红或有红点。

（3）水肿。

（4）皮肤潮湿。

（5）疼痛（越痛烧伤度越轻）。

2）处理

（1）未破的水疱，泼上冷水直至疼痛消失，用湿的绷带轻轻绑扎。

（2）已破的水疱，不要在破的水疱上加水，因为它会增加休克和感染的危险，用干的消毒绷带包扎，将烧伤肢体轻轻抬起。

（3）为休克病人提供急救。

（4）航程长可让病人口服含盐水分。

3. 三度烧伤、烫伤

1）症状

（1）皮肤上出现白色物体，焦黄碳化，干燥、无水泡、无弹性、焦痂下水肿、拔毛及外刺无痛。

（2）组织或骨骼可能暴露。

（3）人可能休克。

（4）痛觉消失。

2）处理

（1）将衣服留在烧伤的皮肤上。

（2）用干燥的消毒绷带轻轻包扎。

（3）为休克病人提供急救。

6.3.5 惊厥、抽搐

1. 症状

（1）突然意识模糊或丧失意识，两眼上翻斜视，双手握拳，全身僵直。

（2）肌肉变僵硬，通常持续几秒钟到半分钟，随后是阵发性抽搐动作。

（3）在僵硬期间，病人可能会停止呼吸，呼吸不规则或暂停，咬自己的舌头和/或大小便失禁。

（4）皮肤先苍白后发红。

（5）嘴吐泡沫或淌口水。

（6）发作时瞳孔散大。

2. 处理

（1）尽量让病人保持原状，不要试图在其抽搐期间搬动他/她，或者试图把任何东西放入病人的口内。

（2）保护好病人使其不要再受伤，清除身上锐利的物体，周围垫上毛毯/枕头。

（3）如果病人呕吐，则应给予方便呕吐的姿势。

（4）在抽搐结束之后，检查有效体征。

（5）让病人休息。需要的话应给予吸氧。

（6）提供安静环境，保护病人不受干扰。

3. 注意

（1）症状往往是随着时间的推移而逐渐减弱的。

（2）如果发作时间超过 10 min 或者反复发作，则要尽快寻求医疗的帮助。

6.3.6 晕厥

1. 症状

（1）发作前症状：视力模糊，耳鸣，神志恍惚，口腔内充满唾液，脸色苍白，眩晕，虚弱、全身乏力，冷而黏湿的皮肤并全身出汗。

（2）发作时症状可分为三个阶段。

① 前期意识模糊伴呕吐，面色蜡样苍白，肢体无力，摇晃欲倒，头低垂胸前。

② 继上述后，意识完全丧失，全身肌张力消失，跌倒，背部伸直，眼睛向上转。

③ 出现强直性痉挛。

2. 处理

1）发作前

（1）仰卧、头低脚高位，让病人在头部低于心脏的情况下坐下，或者在把病人的脚垫高的情况下让其躺下。

（2）松开紧身衣物。

（3）在额头上进行冷敷。

2）发作时

（1）让病人在头部低于心脏的情况下坐下，或者在把病人的脚垫高的情况下让其躺下。

（2）氧气吸入。

（3）如果有呼吸和脉搏的话，在病人的鼻子底下挥动氨吸入剂。

（4）松开颈部纽扣保持其呼吸道通畅。

（5）在额头上进行冷敷。

（6）当病人恢复知觉时，消除其疑虑并提供热饮。

（7）观察重要体征。

需要注意的是：如果失去知觉时间延长则立即通知机长。

6.3.7 腹部疼痛（急性腹膜炎）

1. 症状

急性腹膜炎的症状为疼痛（普通性的或广泛性的），恶心，呕吐，腹泻或便秘，腹部肿胀。

2. 处理

（1）让病人处于尽可能舒适的姿势。

（2）保持呼吸道畅通，处理好呕吐物。

（3）如果呼吸浅或者有呼吸困难者，则给予吸氧。

（4）禁食。

（5）为休克病人提供急救。

6.3.8 癫痫

1. 症状

癫痫发作时，病人全身发紧、抽搐、昏迷倒地、牙关紧咬、口吐白沫。有过发作经验的病人在倒地前往往有预感，因而及时采取措施，以最大限度地避免受伤。

2. 处理

（1）不要强行开通气道及撬开其口，以免被病人咬伤或伤害病人，不要限制其痉挛。但应保护病人，以免被周围物品伤害，并帮助去除身上可能会伤害到病人的物品，如眼镜及其他硬物等。

（2）检查病人身上有无疾病标识牌，如有应按照对应要求进行处理，也可以询问其伴同人员有关情况。

（3）待病人清醒后询问情况，如病人带有药物应帮助其服药。

（4）必要时寻求医务人员帮助并报告机长通知地面工作人员。

需要注意的是：在癫痫急救过程中，不能随意搬动病人。

6.3.9 呼吸系统病症

1. 气道异物阻塞

病人如有进食时或刚进食后出现清醒状态下的呼吸困难或不能呼吸，或是说不出话来，应该怀疑是气道异物阻塞。

1）症状

（1）皮肤苍白，然后发紫甚至变黑。

（2）显得极度紧张，说不出话。

（3）病人用手抓自己的喉部。

（4）人工呼吸时，口对口吹气，吹不进病人肺内。

2）处理

（1）立即试用手指取出异物，速度最要紧。

（2）鼓励病人用力咳嗽。

（3）用力以手掌叩拍病人背部双肩胛之间。

（4）采用腹部推挤法从后方以双手抱病人，一手握拳放在上腹部横膈下方，另一手抓住此拳，然后向内向上用力猛撞数次，待病人皮肤颜色好转后以手指探入口腔取出异物。

（5）对倒地的病人可以骑跨在其大腿上进行腹部推挤。

（6）在异物没有排出之前应避免口对口吹气，否则异物将可能进入更深，而阻塞更难解除。

（7）儿童气道阻塞时也可用腹部推挤法，力量应小些。

（8）婴儿气道阻塞时应用拍背推胸法：轻拍婴儿背部 4 次，按压胸部 4 次，操作时保持头部位置较低。

3）方法图例

（1）站立位腹部推挤法，如图 6-34 所示。

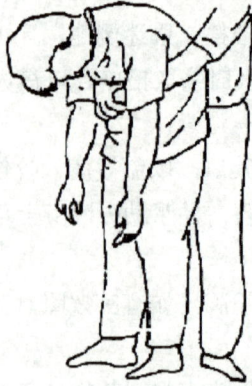

图 6-34　站立位腹部推挤法

（2）坐位腹部推挤法，如图 6-35 所示。

图 6-35　坐位腹部推挤法

（3）仰卧位腹部推挤法，如图 6-36 所示。

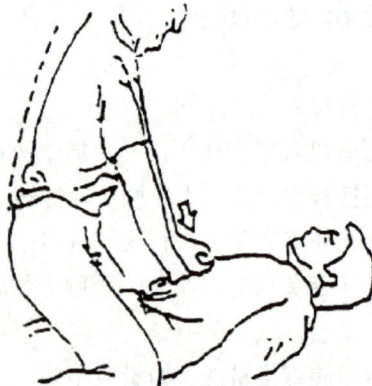

图 6-36　仰卧位腹部推挤法

（4）儿童单手腹部推挤法，如图 6-37 所示。

图 6-37　儿童单手腹部推挤法

（5）婴儿拍背推胸法，如图 6-38 所示。

图 6-38　婴儿拍背推胸法

2. 窒息

这是一种可致命的情况，发生时身体组织会得不到足够的氧气，从而使组织出现缺氧坏死，大脑细胞在完全缺氧 5～6 min 即会出现坏死。导致窒息的原因有吸入氧气含量不足，吸入有毒气体以及呼吸系统的疾病或损伤等。

1）症状

（1）呼吸困难，呼吸加深、加快。

（2）口唇青紫（紫红），可能会口吐白沫。

（3）精神错乱，意识丧失，最后呼吸停止。

2）处理

（1）立即解除窒息原因或使病人脱离窒息场所。

（2）保持呼吸道通畅和吸入足够空气或纯氧。

（3）如呼吸停止应立即做人工呼吸。

（4）呼吸和脉搏恢复后应保持恢复体位密切观察。

（5）尽快寻求医务人员帮助。

3. 过度通气

紧张、焦虑或晕机常会使人不自主地加深加快呼吸。深和快的呼吸使得体内呼出过多的二氧化碳，可引起呼吸性碱中毒。

1）症状

（1）明显的呼吸频率过快和深度过深。

（2）头昏、视线模糊，手、脚和嘴唇麻木和有刺痛感。

（3）肌肉僵硬痉挛，不能保持平衡，甚至昏迷。

2）处理

（1）向病人指出并解释症状和呼吸过深过快的结果。安慰病人并告诉其控制呼吸（减慢并不时屏气）。

（2）让病人对着一个大袋子缓慢呼吸或用一个未接通氧气瓶的面罩呼吸。

6.3.10 休克

在受外伤后，往往会因为失血过多或创伤的影响出现休克。

1）症状

（1）面部表情淡漠，眼睛无神，瞳孔放大。

（2）皮肤苍白湿冷。

（3）呼吸浅而不规则，脉搏很弱或摸不着。

（4）出血过多者伴口渴和烦躁不安。

2）处理

（1）有出血者首先是止血。

（2）没有胃肠出血者可适量给其喝水。

（3）要注意保暖，防止体温散失，避开风道，用毯子盖好。

（4）平卧体位并使下肢稍抬高（脑外伤时除外）。

（5）如无脑外伤可给病人喝热茶或热咖啡。

6.3.11 内脏损伤

内脏损伤往往是因打击冲击腹部或腹部外伤而引起的，损伤的性质和程度很难第一时间弄清楚。其处理方法如下。

（1）让病人处于卧位，下肢可稍抬高。

（2）有内出血可能时要禁食、禁水。

（3）注意防休克和保暖。

（4）需要搬运时应保持卧位。

6.3.12 传染病

1）症状

当没有医生在场时，飞机上如果有人出现以下症状，应怀疑是传染性疾病。

（1）持续发热并伴有衰竭。

（2）出现急性皮疹或发痒，伴有或不伴有发热。

（3）严重腹泻伴有其他症状或虚脱。

（4）伴有高热的黄疸。

2）处理方法

（1）应适当地隔离病人。

（2）单独收集病人接触过的物品并在航班落地后交地面卫生防疫部门处理。

（3）及时报告机长并通知到达站有关部门。

（4）避免在机上造成恐慌和不安。

思考与练习

1. 人的四大生命体征是什么？

2. 机上急救的一般原则是什么？

3. 机上急救有哪些注意事项？

4. 外伤出血严重时，有哪些方法可以止血？

5. 旅客有严重的腹痛应如何处理？

6. 对于突发心脏病的旅客应如何处理？

参 考 文 献

[1] 江丽容，王观军. 民航客舱服务与管理[M]. 武汉：华中科技大学出版社，2022.

[2] 冯利，罗一鸣. 民航客舱服务实务[M]. 重庆：重庆大学出版社，2018.

[3] 马丽，吴云. 民航客舱服务与技能[M]. 北京：中国人民大学出版社，2020.

[4] 顾震. 民航客舱安全管理[M]. 北京：化学工业出版社，2016.

[5] 向莉，金良奎. 客舱安全管理[M]. 北京：中国人民大学出版社，2020.